Landesanstalt Preussische Geologische

Abhandlungen zur geologischen Spezialkarte von Preussen und den Thüringischen Staaten

Heft 36

Landesanstalt Preussische Geologische

Abhandlungen zur geologischen Spezialkarte von Preussen und den Thüringischen Staaten
Heft 36

ISBN/EAN: 9783337217228

Hergestellt in Europa, USA, Kanada, Australien, Japan

Cover: Foto ©Andreas Hilbeck / pixelio.de

Weitere Bücher finden Sie auf **www.hansebooks.com**

Abhandlungen

der

Königlich Preussischen

Geologischen Landesanstalt.

Neue Folge.

Heft 36.

BERLIN.

In Vertrieb bei der Königlichen Geologischen Landesanstalt N.4. Invalidenstr. 44
und bei der Simon Schropp'schen Hof-Landkartenhandlung.
(J. H. Neumann.)
1901.

Die

Silur- und die Culm-Flora

des

Harzes und des Magdeburgischen.

Mit Ausblicken
auf die anderen alt-paläozoischen Pflanzenfundstellen
des Variscischen Gebirgs-Systems.

Von

H. Potonié.

Herausgegeben
von
der Königlich Preussischen Geologischen Landesanstalt.

BERLIN.
In Vertrieb bei der Königlichen Geologischen Landesanstalt, N.4, Invalidenstr. 44
und bei der Simon Schropp'schen Hof-Landkartenhandlung
(J. H. Neumann.)
1901.

Inhalts-Verzeichniss.

	Seite
Einleitung	1
Systematische Betrachtung der Reste	14
Silur	14
Dill- und Lahn-Gebiet	15
Kellerwald	23
Harz	30
Tanner Grauwacke	30
Grauwacken-Partien in der Umgegend von Lindenberg und Strassberg	56
Plattenschiefer des Harzes	61
Quarzit des Harzes	62
Bruchberg	62
Ilsenburger Gebiet	63
Elbgebiet bei Gommern westlich Magdeburg (Quarzit-Steinbrüche)	64
Devon	69
Kellerwald	69
Harz	70
Culm	72
Oberharzer und Magdeburger Culm-Gebiet	72
Filices	75
Protocalamariaceen	86
Calamariaceen	96
Lepidophytae	100
Semina	150
Sieber Grauwacke	153
Wernigeroder Grauwacke	157
Elbingeroder Grauwacke (Gegend von Elbingerode, Zorge-Stieger Mulde, Selkemulde)	165
Schluss-Betrachtung	167
Literatur-Liste	176
Register der Fossil-Namen	181

Einleitung.

Als FRIEDRICH ADOLPH ROEMER von 1843—1866 Pflanzen-Reste aus den paläozoischen Grauwacken des Harzes beschrieb, war ihm schon aufgefallen (1860, S. 8 [1])), dass die Reste aus den »Culmgrauwacken« von denjenigen aus der »Grauwacke bei Lauterberg« verschieden seien; aber bei ROEMER, JASCHE (1858) bis auf E. WEISS (1885) wurden die Pflanzen-Reste der Grauwacken des Harzes — die der sicher culmischen und der älteren Grauwacken — allesammt als solche vom Culm-Charakter angesehen.

WEISS drückt sich (1885, S. 153) wie folgt aus: »Auffallend ist, dass die meisten Aehnlichkeiten auf die Flora des Culm hinweisen, obschon der allgemeine Charakter unserer hercynen Harzflora [2]) auch in den älteren Formationen bereits enthalten ist. Dies ist aber ein allgemeines, von den bisherigen Erfahrungen geliefertes Resultat, dass mindestens die Devonfloren in ihrem Charakter der Culmflora sehr nahe stehen«.

Es ist wohl anzunehmen, dass diese Auffassung von derjenigen beeinflusst war, wie sie namentlich O. HEER seiner Zeit vertreten hat, indem er die jetzt als oberdevonisch angesehene Flora der Bäreninsel, der ursprünglichen »Ursa-Stufe«, auf Grund unzuläng-

---

[1]) Um hinsichtlich der Citate weitgehende Abkürzungen verwenden zu können, ist die wichtigste Literatur am Schluss der vorliegenden Arbeit in alphabetischer Folge aufgeführt worden.
[2]) Hiermit ist die Flora in den geologisch ältesten Grauwacken, nicht aber z. B. diejenige der Oberharzer Culm-Grauwacke gemeint.

licher Bestimmungen (vor Allem — wie wir S. 48—50 sehen werden — der Verwechselung gewisser Erhaltungszustände von *Knorria acicularis*, des *Knorria*-Typus der Bothrodendraceen, mit den Steinkernen des Culm-Fossils *Asteroculamites scrobiculatus*) mit solchen vom Culm-Charakter zusammenthat, und den Begriff der Ursa-Stufe auch auf Horizonte ausdehnte, die floristisch rein culmischen Charakter aufweisen. In Wahrheit sind die vorculmischen Floren durch eine andere Lepidophyten-Gruppe charakterisirt als die Culm-Flora, indem sich eine vorculmische Bothrodendraceen-Flora deutlich unterscheiden lässt.

Bei der geologischen Kartirung im Harze durch Herrn MAX KOCH[1]) war es diesem von Wichtigkeit zu erfahren, in wie weit die heutige Pflanzenpaläontologie seine unten erwähnten Ansichten zu bestätigen, überhaupt bei der Horizontirung der genannten Grauwacken des Harzes zu helfen in der Lage sei, und ich wurde daher von der Direction der Kgl. Geol. Landesanstalt mit der Bearbeitung dieser Frage betraut. Schon bei meiner Reise nach dem Harz im Sommer 1898 konnte ich nun ermitteln, dass sich hier zwei ganz verschiedene paläozoische Floren in den Grauwacken unterscheiden lassen, nämlich eine Flora vom Alter des Culm und eine ältere Flora, die u. A. ihre Reste namentlich in der echten (eigentlichen) Tanner-Grauwacke des Oderthales hinterlassen hat. In aller Kürze habe ich diese Thatsache bereits in meinem Lehrbuch der Pflanzenpal. 1899, S. 363, mitgetheilt, und es handelt sich nun in der vorliegenden Arbeit darum, diese beiden Floren eingehend zu bearbeiten und zu charakterisiren. Dass dabei die Pflanzen-Reste aus dem Grauwacken-Zuge des Culm bei Magdeburg mit einbezogen worden sind, war dadurch geboten, als sich sehr schnell ergab, dass diese sowohl hinsichtlich der specifischen Zusammensetzung als auch ihrer Erhaltungsweise ununterscheidbar

---

[1]) Ich bin den beiden im Harz geologisch kartirenden Herren, dem Landesgeologen Prof. Dr. MAX KOCH und Prof. Dr. L. BEUSHAUSEN, sowie Herrn Landesgeologen Dr. A. DENCKMANN zu grossem Danke für die stete Bereitwilligkeit verpflichtet, mit der sie mich bei allen in der vorliegenden Arbeit auftauchenden geologischen Fragen unterstützt haben. Allen drei Herren hat die Correctur der Gesammt-Arbeit vorgelegen.

von denjenigen aus dem Culm des Oberharzes sind, mit anderen Worten, dass es sich in beiden Revieren um ein und dieselbe Ablagerung handelt. Eine eingehendere Bekanntschaft mit der Culm-Flora des Magdeburgischen hatte ich schon vorher dadurch gemacht, dass mir Herr Dr. W. WOLTERSTORFF bei Gelegenheit seiner Bearbeitung der Culm-Fauna des Magdeburgischen die reiche Sammlung aus dem städtischen Museum zu Magdeburg mit der Bitte um eine Aeusserung über dieselbe zugesandt hatte (vergl. seine Arbeit 1899, S. 9, Anm. 2 und S. 57).

Ferner war es geboten, die spärlichen Reste, die Herr A. DENCKMANN aus dem Silur des Kellerwaldes mitgebracht hat, zu berücksichtigen und ebenso die wenigen Reste, die mir aus den Quarzit-Steinbrüchen bei Gommern bei Magdeburg bekannt geworden sind, weil es sich nach dem Genannten in den fraglichen Schichten des Kellerwaldes und von Gommern um solche handelt, die auch in dem genau zwischen diesen beiden Fundpunkten liegenden Harz vorkommen. Aus einem ähnlichen Grunde (vergl. S. 15—16) wurde die Florula der Plattenschiefer der Umgegend von Herborn im Nassauischen berücksichtigt.

Inwieweit mein Resultat von der bisherigen Auffassung abweicht, geht in Uebereinstimmung mit seiner vom S. 1 citirten Aeusserung am Besten aus einer weiteren Aeusserung von WEISS hervor (vergl. WOLTERSTORFF l. c. S. 9), der die Bedeutung der Pflanzenreste für die Horizontirung des Grauwacken-Zuges des Magdeburgischen anzweifelte. »Die Forscher, welche im Harz Schichten mit den gleichen Pflanzen theils zum Culm, theils zum Devon rechneten, mussten es für zweifelhaft halten, wohin die Magdeburger Grauwacke zu zählen sei«. Gerade diesen Satz hat WEISS dem Sinne nach ausgesprochen (WOLTERSTORFF, l. c.), und es geht auch aus seiner Arbeit (1885) hervor, dass ihm der wesentliche Unterschied der beiden Harzer Floren nicht aufgefallen ist.

Die bei meiner Bearbeitung der Pflanzen-Reste der bezeichneten Reviere nothwendige Vergleichung derselben mit solchen anderer Fundorte liess es wünschenswerth erscheinen, einmal den Versuch zu machen, insbesondere alle bisher bekannt gewordenen vorcarbonischen Pflanzenreste kritisch zu untersuchen. Das hat seine ausserordentliche Schwierigkeit, weil die umfangreiche Literatur über diesen Gegenstand ganz zerstreut ist, man nur fertig wird, wenn man von den in Frage kommenden Resten so viel wie möglich selbst gesehen hat, dann aber die geologische Zuweisung der Horizonte mit den Pflanzen-Resten einer Prüfung zu unterziehen ist, damit man nicht zu falschen Schlüssen gelangt. Ich habe diese langwierige Arbeit begonnen und soweit gefördert, wie sie für die vorliegende unbedingt nöthig war; es besteht die Absicht, in der Richtung weiter zu arbeiten, um die vorcarbonischen Floren auf Grund des bisherigen Materials in einer besonderen Abhandlung charakterisiren zu können. Zunächst soll die Flora des böhmischen Mitteldevons (BARRANDE's Silur IIb) nach dieser Richtung hin eine eingehende Bearbeitung finden; sie wird auf Kosten des Barrande-Fonds des Museums des Königreiches Böhmen erscheinen.

F. A. RÖMER hielt, mit Ausnahme der Grauwacke von Elbingerode, die er für mitteldevonisch ansah, alle Grauwacken des Harzes für culmisch und stellte nur vorübergehend Einzelnes zum Silur. BEYRICH (1870) und LOSSEN (vergl. 1877) trennten die Tanner Grauwacke (hierher nach ihrer Auffassung: 1. die sogenannte Sattel-Axen-Grauwacke, 2. die Wernigeroder Grauwacke = Tanner Grauwacke des nördlichen Harzrandes, sowie 3. der Grauwacken-Complex im Sieberthal) als Silur, später als tiefstes Unterdevon (»Hercyn«), als älteste im Harz vorhandene paläozoische Schichten ab. Nachdem dann auch die Herren BEUSHAUSEN, DENCKMANN und KOCH (Jahrbuch f. 1895, S. 130) erklärt hatten, dass die Tanner Grauwacke sicher nicht culmischen Alters sei, schied MAX KOCH (1897 und 1898) die Grauwacken in silurische und culmische, und zwar gehören nach diesem zum

Silur: die Tanner Grauwacke der Sattelaxe, als Basis sämmtlicher paläozoischer Schichten des Harzes, und zum

Culm: ausser den Grauwacken des Oberharzes, die Elbingeroder, Wernigeroder und die Sieber Grauwacke (nach M. KOCH und L. BEUSHAUSEN).

Soweit nun im Folgenden die Rede ist von:

1. Tanner Grauwacke schlechtweg, ist der Grauwacken-Zug gemeint, der S-förmig quer durch den ganzen Harz durchsetzt (vergl. hierzu und zum Folgenden die LOSSEN'sche Uebersichts-Karte des Harzes von 1880) und zwar im S. von Scharzfeld-Lauterberg durch eine Strecke des Oderthales über Tanne, Mägdesprung bis Gernrode am N.-Rande des Gebirges, also die Tanner Grauwacke der sogenannten Sattelaxe.

2. Die Sieber-Grauwacke zieht sich beiderseits der Sieber südlich vom Gebirgsrande bis nördlich an das Brocken-Massiv hin.

3. Die Wernigeroder Grauwacke (Tanner Grauwacke des nördlichen Harzrandes von LOSSEN) ist der Zug von Heimburg über Wernigerode bis Ilsenburg. Derselbe bildet die Fortsetzung der durch das Brockenmassiv davon getrennten Sieber Grauwacke, die nach M. KOCH vor Abtragung der dem Brockengranit auflagernden Sedimente mit den Grauwackenmassen des Pan- und Sieuberges, einem Theil der Wernigeroder Grauwacke, in Zusammenhang gestanden hat.

4. Die Elbingeroder Grauwacke tritt in den drei Complexen auf:
   a) bei Elbingerode,
   b) nördlich Ilfeld in der nach S. geöffneten Zorge-Stieger Mulde (S.-mulde LOSSEN's),
   c) südlich von Ballenstedt in der nach N. geöffneten Selkemulde LOSSEN's.

In Bezug auf ihre Zugehörigkeit zum Culm sind die Particen b und c geologisch noch nicht näher untersucht.

5. Die Grauwacke des Oberharzes z. B. bei Clausthal-Zellerfeld, Grund u. s. w. (die Culm-Grauwacke LOSSEN's).

Die unter 1. genannte Grauwacke lässt sich also auch bequem — sofern die M. KOCH'sche Deutung zu Grunde gelegt wird — als Silur-Grauwacke bezeichnen, die unter 2—5 genannten Grauwacken hingegen lassen sich bequem kurz als Culm-Grauwacken zusammenfassen, welche letztere also weit mehr umschliessen als bei LOSSEN.

Ausser diesen Grauwacken-Complexen finden sich nun noch »Grauwacken-Einlagerungen« (LOSSEN) in den verschiedenen

Schiefer-Horizonten, d. h. in den Wieder Schiefern Lossen's, die nach neuerer Auffassung zum Theil obersilurisch sind, zum anderen Theil den devonischen Wissenbacher Schiefern zufallen. Von diesen würden — wie wir noch sehen werden — die »Einlagerungen« bei Strassberg-Lindenberg — auf Grund der Flora — zum Silur gehören.

Mit der Grauwacke der sogenannten Sattelaxe eng stratigraphisch verknüpft sind die Plattenschiefer (z. B. bei Mägdesprung), worüber bei Lossen (1882, S. 3—5) nachzulesen ist. Diese Schiefer sollen nach Lossen eine obere Abtheilung der durch die Tanner Grauwacke repräsentirten Stufe darstellen.

Dass die Plattenschiefer silurischen Alters sind (der engere Horizont ist noch festzustellen), geht aus dem geologischen Kartenbilde (Denckmann Abh. 1901) der Urfer Schichten des Kellerwaldes hervor, in denen Denckmann (Jahrb. f. 1896) zweifellos silurische Faunen (Graptolithen und Pelecypoden) nachgewiesen hat. Diese Thatsache ist ausserordentlich wichtig, da auf ihr die ganze neuere, speciell von M. Koch und Beushausen vertretene Auffassung der älteren Grauwacken des Unterharzes aufgebaut ist. Vor Allem beruht die Deutung der Tanner Grauwacke der Sattelaxe im Harz und der mit ihr verknüpften Plattenschiefer als silurisch auf dieser Thatsache. Sowohl nach SW. hin bis zum Westerwalde, als auch nach NO. hin durch den Harz hindurch, lässt sich vom Kellerwalde aus im Streichen des unterrheinischen (niederländischen) Gebirgssystems (SW.—NO.) die Verbreitung von Gesteinen der Urfer Schichten verfolgen (vgl. Denckmann, Jahrb. f. 1895, S. XXXV und Bericht der Herren Beushausen, Denckmann und Kayser l. c. für 1896, S. 279).

Wenn wir davon absehen, dass im Harze ebenso wenig wie im Lahn-Dillgebiete ein directer paläozoischer Beweis für das silurische Alter der betreffenden Schichten erbracht ist, so folgt doch aus dem Gesagten, dass dann allerdings die nach Lossen stratigraphisch unter den Plattenschiefern liegenden Grauwacken der sogenannten Sattelaxe des Harzes ebenfalls silurischen Alters sein müssen. Es ist freilich zu berücksichtigen, dass Herr Denckmann die Plattenschiefer unter die Grauwacken stellt, jedoch für den Harz nach Herrn BEUSHAUSEN (Arbeitsbericht im Jahrbuch f. 1899) noch kein sicherer Nachweis für die Stellung der Plattenschiefer geführt ist.

Ausser in den Grauwacken-Horizonten finden sich pflanzenführende Schichten noch in den silurischen Quarziten des Bruchberg-Ackers und in deren Fortsetzung nordöstlich desselben in der Gegend von Ilsenburg (hier am Kienberge u. s. w.).

Endlich ist der Vollständigkeit halber darauf hinzuweisen, dass Pflanzen-Reste auch im Harzer Devon und zwar u. A. im Spiriferensandstein (= Kahlebergsandstein) vorhanden sind.

In den sämmtlichen pflanzenführenden Grauwacken, den älteren und culmischen des Harzes und den culmischen des Magdeburgischen, gleichgültig also welchen geologischen Alters, sind es hauptsächlich die Grauwacken-Schiefer, welche die Reste bergen. Hier und da finden sich Pflanzenreste auch in der Grauwacke selbst, aber dann wieder vorwiegend in den feinkörnigen, plattigen Grauwacken, wie im Oberharzer Culm in den Grauwacken, die sich nach oben hin an die Posidonien-Schiefer anschliessen. Man kann unterscheiden:

1. Derbe, in mächtigen Bänken auftretende Grauwacken-Lagen, die das durch Steinbruchsbetrieb gewonnene Material sind.

2. Grauwacken-Schiefer, die mit 1. wechsellagernd schwächere, oft sehr dünne Lagen von lockerem Gefüge bilden, und in ihrer petrographischen Beschaffenheit eine Mittelbildung zwischen den derben Grauwacken (1.) und 3. sind. Es handelt sich um sandiges oder feines Grauwacken-Material enthaltende Schiefer. Durch reichlicheres Vorhandensein von kohlig erhaltenen Pflanzen-Resten können einzelne Bänke sich dem Charakter eines Brandschiefers nähern.

3. Thonschiefer-Bänke.

Sämmtliche Pflanzen-Ablagerungen tragen auffallend und typisch den Charakter der Allochthonie, den ich eingehend in meinem Lehrbuch (1899), S. 341—347, dargelegt habe; es handelt sich also durchweg um mehr oder minder grosse kohlig erhaltene Fetzen von Pflanzen oder aber um Steinkerne, Reste, die alle unter den paläontologischen Begriff des »Häcksels« (l. c.

S. 342) fallen. Gelegentlich sind die Pflanzen-Materialien so ineinander verworren, dass man an die von Flüssen und von Hochwasser zusammengeschwemmten Massen und wegen der nestigen Ineinander-Verwirrung des Materials als »Genist« bezeichneten Pflanzen-Ballen denken muss. Hier und da überwiegt das eingeschwemmte Pflanzen-Material (also die organische Substanz) die unorganische (rein mineralische im engeren Sinne) in den Pflanzen-Bänken so weit, dass, wie schon angedeutet, Bänke von brandschieferigem Charakter gebildet worden sind, wie in einer Bank im Steinbruch im Heiligengrund bei Benzingerode, gelegentlich auch in der Culm-Grauwacke des Oberharzes u. s. w.

Die durchschnittliche Grösse der Häcksel-Stücke in den verschiedenen Schichtungs-Flächen und -Bänken schwankt zwischen ganz kleinen Maassen, nicht grösser als wirkliche Häcksel-Stückchen, und bis grossen, sogar gelegentlich bis über 1^{m} langen Stücken. Es ist naheliegend, diese Verschiedenheit auf einen weiteren oder weniger weiten Transport zurückzuführen. Die durchschnittlich gleiche Grösse der »Häcksel«-Stücke in ein und derselben Schichtfläche lässt sich anders nicht erklären. Insoweit die einzelnen Reste eine Längs- und Querrichtung unterscheiden lassen, kann man oft bemerken, dass sie durchaus mehr oder minder deutlich parallel gelagert sind, wodurch die Richtung im Verlauf des transportirenden Wassers angegeben wird. In mehreren Culm-Steinbrüchen des Oberharzes, also in den jüngeren Grauwacken, konnten mehrere Quadratmeter grosse Platten mit solchem Parallel-Häcksel beobachtet werden; weitere Fundpunkte für Parallel-Häcksel sind u. A. die Brüche in der älteren Grauwacke im Oderthal: an der Mündung des Rolofsthales und des Gr. Schaufenhauerthales u. s. w. Fig. 1.

Die schon erwähnte Thatsache, dass sich das Vorkommen der Pflanzen-Reste ganz überwiegend an ein bestimmtes Korn des einschliessenden Gesteins knüpft, lässt darauf schliessen, dass in unserem Falle die Transport-Fähigkeit des die Grauwacken-Schiefer bildenden Sedimentes mit der Transport-Fähigkeit des Häcksels genau übereinstimmte, während die derbe Grauwacke offenbar in

Fig. 1 [1]).
Ein Stück mit »Häcksel«, die einzelnen Pflanzenfetzen mehr minder parallel liegend.
Ebendorf, westlich Magdeburg (leg. H. Potonié), (S. B.[2]).

[1]) Fast sämmtliche Figuren zu der vorliegenden Arbeit sind von Herrn Georg Hoffmann gezeichnet worden; einige wenige hat Herr E. Ohmann übernommen.

bewegterem Wasser, die Thonschiefer-Bänke hingegen in ruhigerem Wasser gebildet wurden.

Auch alle übrigen Thatsachen sind typisch für allochthone Pflanzen-Ablagerungen: das Fehlen von Kohlenflötzen, kurz alle Erscheinungen, die für Allochthonie sprechen, die ich im Lehrbuch S. 346—347 in einer Tabelle zusammengestellt habe, von denen ich hier nur die geringe Arten-Zahl hervorhebe, ferner dass im Oberharze und, wie aus WOLTERSTORFF's Arbeit hervorgeht, auch bei Magdeburg mit den Pflanzen-Resten zusammen Reste von Meeres-Thieren vorkommen, dass trotz des vielfachen Vorhandenseins von Lepidophyten-Resten die unterirdischen Organe derselben, also *Stigmaria*-Reste, selten, und wo sie sich finden, gewöhnlich nur einzelne mit Hautgewebe-Resten von Stigmarien eingeschwemmte Narben vorhanden sind.

Im Culm des Magdeburgischen und des Oberharzes finden sich Pflanzen-Reste wohl in fast sämmtlichen zur Zeit noch zugänglichen Steinbrüchen und in vielen sonstigen Aufschlüssen, so dass es sich nicht verlohnt, die Fundpunkte eigens aufzuzählen.

Dass auch in älteren Schichten des Harzes sich Pflanzen-Bänke reichlich, wenn auch nicht so viele wie in der Culm-Grauwacke, finden, geht schon aus den zerstreuten Angaben in der Literatur und in den kartirten Sectionen hervor, und ich konnte mich bei meinen Bereisungen selbst davon überzeugen. Die meisten Fundstellen, soweit sie bis jetzt ausgebeutet werden konnten, haben jedoch nur unbestimmbares Häcksel-Material geliefert, so dass auch hier zu einer Erwähnung der allermeisten Fundpunkte im Folgenden keine Veranlassung vorliegt.

Das Vorkommen von Pflanzen-Bänken in den Grauwacken des Harzes und des Magdeburgischen ist also eine ganz allgemeine Erscheinung: überall wo grössere Aufschlüsse vorhanden sind, kann man auch Pflanzen-Bänke finden; dass sie in der Literatur nicht die ausgiebige Berücksichtigung erfahren haben, die das vor Augen führt, liegt daran, dass allochthone Pflanzen-Ablagerungen, namentlich wenn es sich um feinhäckseliges Material handelt, aber auch sonst, ganz allgemein einer pflanzenpaläontologischen, also dem Geologen nützlichen Behandlung naturgemäss die grössten Schwierigkeiten entgegensetzen und ihre Untersuchung oft überhaupt kein Resultat ergiebt. Die kartirenden Geologen hatten demnach keine genügende Veranlassung, ein besonderes Augenmerk auf diese Pflanzen-Bänke und ihre Ausbeutung zu wenden. Wenn es daher jetzt doch gelungen ist, sich ein Bild von der in Rede stehenden altpaläozoischen Flora und der Culmflora zu machen, so liegt das einerseits an dem gegenwärtigen fortgeschritteneren Zustand der Paläobotanik, andererseits aber und nicht weniger an dem verhältnissmässig reichen Material, das seit F. A. ROEMER's Thätigkeit in über einem halben Jahrhundert schliesslich doch zusammen gebracht worden ist, und in der Möglichkeit, die dem Verfasser erlaubte, in einem so schwierigen Fall auch in den Revieren selbst Erfahrungen sammeln zu dürfen. Dass das im Folgenden gebotene Bild der Gegensätze unserer beiden Grauwacken-Floren freilich nicht zu vergleichen ist mit Resultaten, die sich bei der Untersuchung autochthoner Floren ergeben, wie sie im productiven Carbon so reichlich vertreten sind, liegt in der Natur der Sache.

Wenn ich sagte, dass jetzt ein »verhältnissmässig reiches Material« vorliegt, so ist nicht zu vergessen, dass dies in Beziehung zu anderen allochthonen Ablagerungen gemeint ist, die oft genug trotz eifrigsten Suchens so gut wie gar nichts Bestimmbares ergeben. Die lange Zeit, die seit der Aufsammlung der Reste im Harz und im Magdeburgischen in vielfach grossartigen Aufschlüssen verflossen ist, hat doch aber nur eine recht beschränkte Anzahl von Arten ergeben: für den Paläobotaniker, der horizontiren möchte, eine betrübende, gar zu charakteristische Eigenthümlichkeit allochthoner Lager.

Für die vorliegende Arbeit habe ich — abgesehen von den selbst an Ort und Stelle gesammelten Resten — alle Sammlungen ausgenutzt, die mir zugänglich waren, es sind die folgenden:

1. Die Sammlung der Kgl. Preuss. Geologischen Landesanstalt (Geologisches Landes-Museum) zu Berlin (S. B[1].)[1].

[1] Da mehrere von den Sammlungen im Folgenden wiederholt zu nennen sein werden, habe ich für diese, um sie kurz bezeichnen zu können, die in den Klammern beigefügten Abkürzungen benutzt.

2. Die Geologisch-paläontologische Sammlung des kgl. Museums für Naturkunde zu Berlin (S. B².). (Director: Geh. Bergrath Prof. Dr. W. BRANCO.)

3. Mineralogisches Kabinet der herzogl. Technischen Hochschule in Braunschweig. (Vorstand: † Prof. Dr. H. KLOOS.)

4. Geologisch-paläontologisches Institut der Universität zu Breslau. (Vorstand: Prof. Dr. FR. FRECH.)

5. Die Sammlung des Kgl. Ober-Bergamts zu Clausthal im Harz (S. Bm. C.). (Diese und die folgende durch Vermittelung des ehemaligen Berghauptmanns, jetzigen Wirkl. Geh. Raths, Excellenz ADOLF ACHENBACH[1]).)

6. Die Sammlung der kgl. Bergakademie zu Clausthal (S. Bk. C.).

7. Die Sammlung der grossherzoglich hessischen Geologischen Landesanstalt zu Darmstadt (Dir.: Geh. Oberbergrath Prof. Dr. LEPSIUS).

8. Das Museum des naturwissenschaftlichen Vereins zu Goslar am Harz. (Dir.: der erste Vorsitzende des Vereins: Bergingenieur W. RITTERSHAUS. Verwaltung der paläontologischen Abtheilung: Lehrer W. REITEMEYER.)

9. Kgl. geologisches Museum der Universität zu Göttingen. (Dir.: Geh. Bergrath Prof. Dr. A. VON KOENEN.)

10. Die Sammlung des Mineralogischen Instituts der Universität zu Halle a. d. Saale (S. H.). (Dir.: Geh. Bergrath Prof. Dr. K. VON FRITSCH.)

11. Die paläontologische Sammlung des Provinzial-Museums zu Hannover. (Dir. des Museums: Dr. REIMERS. Verwaltung der paläontologischen Sammlung: Oberlehrer Dr. H. UDE.)

12. Die Sammlung des Römer-Museums zu Hildesheim (S. Hd.). (Dir.: Prof. Dr. A. ANDREAE.)

13. Die Sammlung des naturwissenschaftlichen Museums zu Magdeburg (S. M.). (Custos: Dr. W. WOLTERSTORFF.)

---

[1] Nachträglich hat Herr Prof. BEUSHAUSEN in der genannten Sammlung noch wichtige Originale ROEMER's gefunden, die mir seiner Zeit nicht vorgelegt werden konnten, die ich aber vor Abschluss der Arbeit noch verwerthet habe.

14. Die Sammlung des Aller-Vereins in Neuhaldensleben. (Vorsitzende: Lehrer am Gymnasium BRUNOTTE und Apothekenbesitzer E. BODENSTAB.)

15. Das »Sternbergeum«, d. h. die Stammsammlung des Grafen KASPAR STERNBERG, die sich in der geologisch-paläontologischen Sammlung des Museums des Königreiches Böhmen in Prag befindet. (Director: Prof. Dr. ANT. FRITSCH.)

16. Die Sammlung des Fürst Otto-Museums zu Wernigerode am Harz (S. W.). (Custos: Oberlehrer FRIEDRICH BÜHRING.)

Ausserdem erhielt ich Reste für die S. B[1]. beziehungsweise geliehen noch von den Herren:

17. C. ARMBSTER in Goslar, der die Vorräthe seiner Mineralien- und Petrefacten-Handlung zur Verfügung stellte;

18. Rathsapotheker E. BODENSTAB in Neuhaldensleben;

19. Lehrer WILH. JUST in Zellerfeld im Oberharz (S. Z.);

20. Oberlehrer Dr. AUGUST MERTENS in Magdeburg, dem ich auch die Vermittelung der in Neuhaldensleben vorhanden gewesenen resp. vorhandenen Sammlungen verdanke;

21. Lehrer W. REITEMEYER in Goslar am Harz;

22. Kaufmann EDUARD SCHULTZ zu Neuhaldensleben.

Für die mir von all den genannten Seiten zu Theil gewordene weitgehende Unterstützung sage ich den allerverbindlichsten Dank!

Systematische Betrachtung der Reste.

Da es im Wesentlichen darauf ankommt, die Verschiedenheiten beziehungsweise Uebereinstimmungen der Floren hervortreten zu lassen, ist es geboten, die sämmtlichen Reste nicht ausschliesslich systematisch vorzuführen, sondern dieselben nach ihrem Vorkommen in den verschiedenen Quarzit-, Plattenschiefer- und Grauwacken-Complexen, auf deren Beurtheilung ihrer Altersverschiedenheiten es ankommt, vorzuführen. Es hat sich als zweckmässig herausgestellt in der folgenden Weise zu disponiren.

Es werden zunächst die jetzt als silurisch angesehenen Horizonte betrachtet und zwar nach den Fundpunkten geordnet vom W. nach dem O. fortschreitend, d. h. zunächst das Dill- und Lahn-Gebiet, sodann der Kellerwald, 3. der Harz und 4. das Revier von Gommern.

Es folgt das Devon.

Sodann werden die Culm-Schichten des Harzes und des Magdeburgischen vorgenommen und zwar zunächst die Oberharzer und Magdeburger Culm-Grauwacke zu einem gemeinsamen Abschnitt zusammengefasst, weil diese beiden Complexe von vorn herein irgend einen Zweifel an ihrer Zusammengehörigkeit in paläobotanischer Hinsicht nicht zulassen, sodann 2. die Sieber-Grauwacke, 3. die Wernigeroder und 4. die Elbingeroder Grauwacke.

Silur.

Ueber die Beziehungen der pflanzenführenden Schichten des Silur des Dillthales zu denen des Silur im Kellerwalde, sowie zu den entsprechenden Schichten des Harzes und bei Gommern östlich

Magdeburg giebt die folgende Parallelisirungs-Tabelle, die ich Herrn A. DENCKMANN verdanke, bequeme kurze Auskunft.

Dill- und Lahn-Gebiet	Kellerwald	Harz	Elbthal bei Gommern
Quarzit des Sandberges etc.	Wüstegarten-Quarzit.	Quarzit des Bruchberg-Ackers u. von Ilsenburg.	Pflasterstein-Quarzit der unmittelbaren Umgebung von Gommern u. Plötzky.
Lydite führende Quarzite an vereinzelten Punkten der Hörre.	Schiffelborner Schichten.	Kieselschiefer führende Schichten des Bruchberg - Quarzites.	—
—	Möscheider Schiefer.	—	—
Dünnplattige Gesteine von Greifenstein und der Dillthal-Profile, z. Th. mit Einlagerungen von Kalken.	Urfer Schichten.	—	—
Im Silur des Dill- und Lahn-Gebietes weit verbreitete Plattenschiefer. Hierher die Dachschiefer der Grube Hercules b. Sinn.	Plattenschiefer des Schieferreinsgrabens.	Plattenschiefer des Selkethals etc.	—
Gladenbacher Kalk: Grauwacken, Quarzite, Arkosen etc. der Gegend von Gladenbach.	HundshäuserGrauwacke: SO.-Hang des Jeust, Gegend von Hundshausen und Sebbeterode.	? (Hierher S. 5, 6 die Grauwacke der sog. Sattelaxe und der Einlagerungen in den Wieder-Schiefern bei Strassberg-Lindenberg.-POTONIÉ.)	

Die Begründung für diese Parallelisirungen findet sich vor Allem in der Abhandlung des Herrn A. DENCKMANN: Ueber den geologischen Bau des Kellerwaldes (1901).

Dill- und Lahn-Gebiet.

Plattenschiefer der Umgegend von Herborn in der Provinz Hessen-Nassau.

Wenngleich, wie wir sehen werden, aus den Platten-Schiefern des Harzes leider nur ganz Ungenügendes vorliegt, ist es doch geboten, die, wenn auch wenigen, so doch gut erhaltenen Pflanzen-Reste aus den Platten-Schiefern der Umgegend von Herborn zu betrachten und zwar aus dem S. 6 angegebenen Grunde. Näheres bei DENCKMANN (1896 [1897]), S. 147 Anm. und in dem Bericht über eine gemeinsam ausgeführte Studienreise (1896 [1897]) der Herren BEUSHAUSEN, DENCKMANN, E. HOLZAPFEL und E. KAYSER. Vergl. auch die späteren KAYSER'schen Aufnahme-Berichte in den Jahrbüchern der Kgl. Preuss. Geol. Landesanstalt.

Die Reste der Umgegend von Herborn sind also diejenigen, die zunächst zum Vergleich mit pflanzlichen Resten aus den Platten-Schiefern des Harzes heranzuziehen sein würden. Ich habe hier — da sie uns für unsere Aufgabe immerhin ferner liegen — nur diejenigen behandelt, die mir leicht zugänglich waren, nämlich das LUDWIG'sche Material der S. B[1].

Es kommen in den Platten-Schiefern bei Herborn vor:

1. *Dictyodora* (!)[1]) in dem gleichen Erhaltungszustande wie in demjenigen des Harzes (vergl. hinten S. 62 und Jahrb. d. kgl. preuss. geol. Landesanst. f. 1897, S. 280).

2. *Spirophyton*-ähnliche Reste (!vergl. LUDWIG, 1869, Taf. XIX, Fig. 1).

3. *Nereiten* (!) und andere zweifelhafte, jetzt zu den Thierfährten gerechnete Gebilde.

4. Rhachiopteriden und sonstige unbestimmbare Spindel- und Stengel-Reste.

5. Farn: *Sphenopteridium rigidum* und *S. furcillatum*; ferner

6. Reste, die man, wie vor Allem *Knorria acicularis*, zu den Bothrodendraceen stellen wird.

Ein näheres Eingehen verlohnt hier nur auf die unter 5. und 6. erwähnten Objecte.

Sphenopteridium rigidum.

Sphenopteridium rigidum (LUDW. erw.) POT., Lehrb. 1899, S. 363, Fig. 344.
Sphenopteris rigida R. LUDWIG, 1869, S. 117, Taf. XXII, Fig. 1.

[1]) Das Zeichen ! bedeutet, dass mir der betreffende Rest, von dem gerade die Rede ist, vorgelegen hat.

Sphenopteris densepinnata Ludw., 1869, S. 117, Taf. XXIII, Fig. 1.
Rhodea Schimperi Pot. ex parte. Lehrb. 1897, S. 135[1]).

Fig. 2.

Wedel von *Hoeninghausi*-Aufbau, d. h. einmal-gegabelt mit Fiedern auch unter der Gabelungs-Stelle: Fig. 2 A. Fiedern 1. Ordnung je nach ihrer Stellung am Wedel, mit mehr oder minder sparrigen Theilen, die unteren stark sparrig, Fig. 2 D, die obersten stark zusammengezogen, Fig. 2 A. Die Fiedern letzter Ordnung fächerig zusammentretend, kurz und breit, Spindeln auffallend quergerieft.

Dass meines Erachtens die in der obigen Synonymen-Liste angegebenen Ludwig'schen Arten zusammenzuziehen sind, habe ich schon l. c., S. 135 angedeutet. Die von Ludwig beschriebenen Originale liegen mir vor und es ist mir nicht möglich, dieselben specifisch zu scheiden. *Sphenopteris densepinnata* gehört oberen Wedeltheilen der Pflanze an, woraus sich die engere Stellung der Fiedern letzter Ordnung erklärt, *Sphenopteris rigida* unteren Wedeltheilen.

Während also die untersten Fiedern 1. Ordnung äusserlich gesehen dem *Rhodea*-Typus angehören, Fig. 2 B C D, neigen sie je weiter hinauf um so mehr zu *Palmatopteris*: Fig. 2 A B C. Das ist mit Berücksichtigung der Thatsache, dass Primär-Blätter in ihrer Ausgestaltung gern an Verhältnisse der Vorfahren erinnern, von besonderem Interesse. Mit Primär-Fiedern, d. h. hier mit den untersten Fiedern an einem Wedel, ist es nicht anders. Es weist also die erwähnte Thatsache an dem *Sphenopteridium rigidum* darauf hin, dass die Vorfahren dieser Art vielleicht *Rhodea*-artig ausgebildet waren. Unsere Art bildet somit ein Mittelglied zwischen *Rhodea* und *Sphenopteridium dissectum* des Culm mit ihren breitflächigen Fiedern 1. O. Dass jedoch auch in unserer Art ein *Sphenopteridium* und nicht eine *Rhodea* vorliegt, zeigt die freilich schlecht erhaltene Aderung, die keineswegs — wie das bei Ludwig

---

[1]) Ich habe immer nur diejenigen Synonyme aufgeführt, die sich aus der Literatur ergeben, auf die sich die vorliegende Arbeit unmittelbar bezieht. Sonst hätte (z. B. bei *Asterocalamites scrobiculatus*, vergl. meine Darstellung der Protocalamariaceen in Engler's Natürlichen Pflanzenfamilien I, 4, S. 558, Leipzig 1900) die Synonymen-Liste hier und da beträchtlich erweitert werden müssen.

Fig. 2. *Sphenopteridium rigidum* (Ludw. erw.), Pot. — (A = *Sphenopteris densepinnata* und B, C = *Sphenopteris rigida* Ludwig's.) — Platten-Schiefer von Bicken östlich Herborn in der Provinz Hessen - Nassau (S. B.¹!).

gezeichnet ist — auch nicht in den linealen, *Rhodea*-ähnlichen unteren Fiedern — sich ohne Weiteres als diejenige von *Rhodea* zu erkennen giebt. Man kann mit anderen Worten keineswegs constatiren, dass jede letzte Fieder nur je eine Mittelader birgt. Namentlich die palmatopteridisch zusammentretenden Fiedern im oberen **Theil** des Wedels zeigen in ihrer Form und Aderung, dass wir ein *Sphenopteridium* mit schmalen Elementen letzter Ordnung vor uns haben. Auch für *Sphenopteridium dissectum* sind übrigens (wie bekanntlich auch für *Sphenopteris elegans*) die Querriefen der Spindeln charakteristisch. Besonders ähnlich ist unsere Species der culmischen *Sphenopteridium Schimperi* (GÖPP.) POT., Lehrb. 1899, S. 365 (= *Hymenophyllites Schimperi* GÖPP., 1859, S. 490, Taf. XXXVII, Fig. 2 u. *Sphenopteris Schimperiana* SCHIMPER, 1862, S. 344, Pl. XXIX) und der *Sphenopteris Förtschii* FRITSCH, 1897, S. 84, Taf. I, Fig. 1 u. 5, aus dem Culm-Dachschiefer Thüringens, die vielleicht auch ein *Sphenopteridium* ist und dann wohl mit *Sphenopteridium Schimperi* zusammengehört. Die Gruppe von Resten ist aber noch näher zu untersuchen.

Vorkommen: Bicken östlich Herborn (S. B.!).

Sphenopteridium furcillatum.

Sphenopteridium furcillatum (R. LUDWIG erw.) POT. (Lehrb. d. Pflanzenpal. 1897, S. 131, Fig. 118).

Cyclopteris furcillata R. LUDWIG (Pflanzen-Reste aus der paläol. Form. von Dillenburg u. s. w., 1869, S. 120, Taf. XXIV, Fig. 1 u. 1a [die Fig. 1 LUDWIG's reproducirt in unserer Fig. 3 B]).

Odontopteris crasse-cauliculata LUDW. (l. c., S. 120, Taf. XXIV, Fig. 2—2d [Fig. 2 u. 2a ist unsere Fig. 7 u. Fig. 2d LUDWIG's unsere Fig. 6]).

Victori LUDW. (l. c., S. 121, Taf. XXIV, Fig. 3 [ist unsere Fig. 10]).

Neuropteris Sinuensis LUDW. (l. c., S. 121 T. XXIV, Fig. 4 [ist unsere Fig. 9]).

Fig. 3 u. 4.

Wedel von *Hoeninghausi*-Aufbau, Fig. 3 A: Fiedern letzter Ordnung sich der Kreisform nähernd, ganz bis schwach- oder deutlich gross-gelappt. Fiedern vorletzter Ordnung im Ganzen lineal. Stärkere Spindeln quergerieft.

Auf die specifische Zusammengehörigkeit der oben in der Synonymen-Liste genannten 4 Arten R. LUDWIG's habe ich schon

20 Silur.

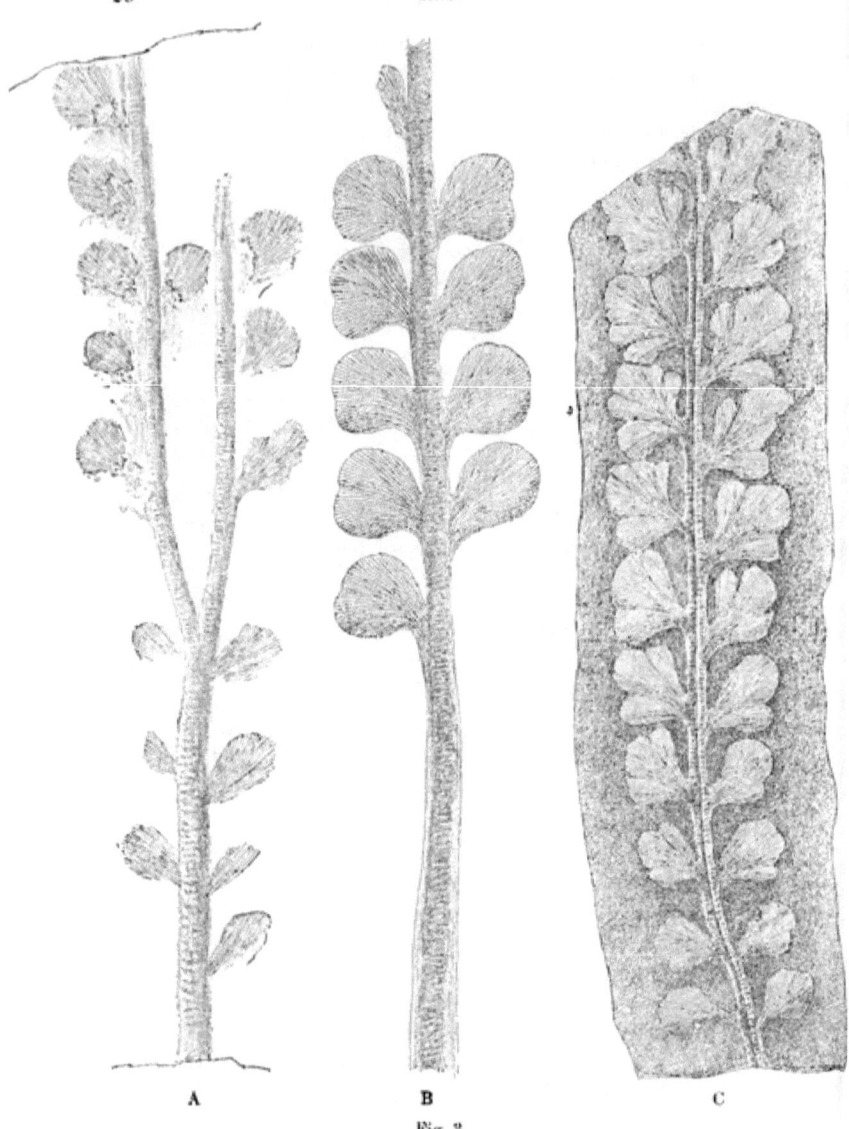

A B C
Fig. 3.
Sphenopteridium furcillatum (R. Ludw. erw.) Pot. (B = *Cyclopteris furcillata* Ludw., Taf. XXIV, Fig. 1). — Plattenschiefer der Grube Hercules bei Sinn südlich Herborn, Provinz Hessen-Nassau (S. B.¹).

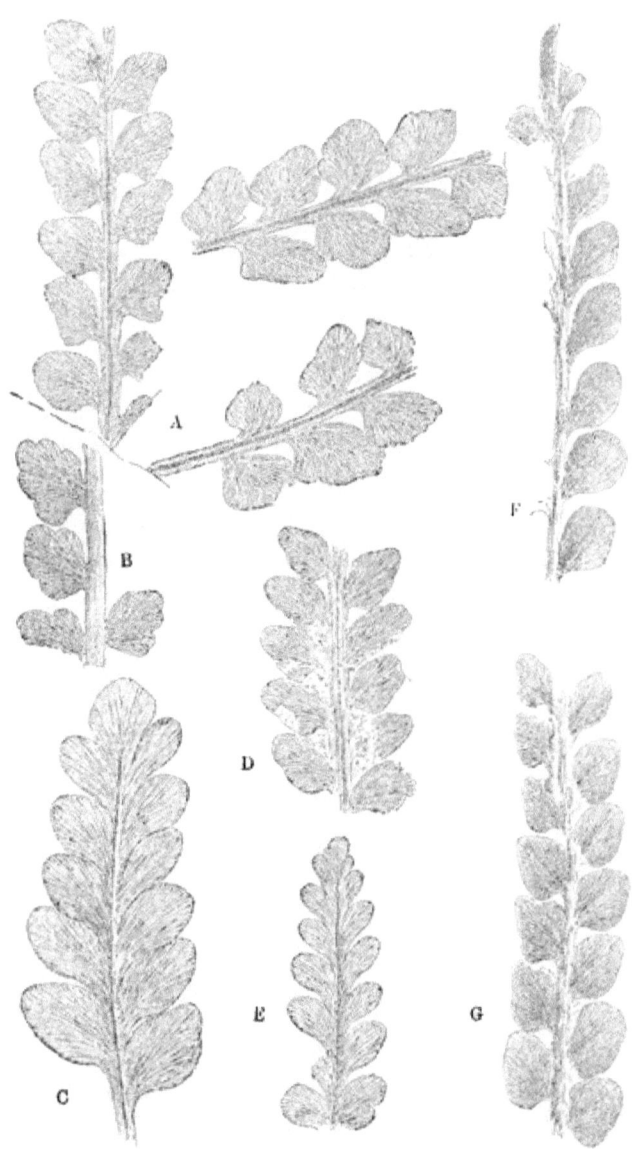

Fig. 4.

Sphenopteridium furcillatum (R. Ludw. erw.) Pot. A u. G = *Odontopteris crassicauliculata* Ludw., Taf. XXIV, Fig. 2; C = *Odontopteris Victori* Ludw., Taf. XXIV, Fig. 3; D = *Neuropteris Sinnensis* Ludw., Taf. XXIV, Fig. 4. — Plattenschiefer der Grube Hercules bei Sinn südlich Herborn, Provinz Hessen-Nassau (S. B.¹).

in meinem Lehrb. S. 131 aufmerksam gemacht. Ein Vergleich unserer Abbildungen, die nach den mir vorliegenden Originalen Ludwig's angefertigt sind, ergiebt unschwer, dass eine Trennung in mehrere Arten nicht möglich ist.

Vorkommen: Grube Hercules bei Sinn südlich Herborn (S. B¹!).

Bothrodendraceen-Reste.

Knorria acicularis weist auf das Vorkommen von Bothrodendraceen-Resten hin. Das mir vorliegende Stück der S. B¹. dürfte das Original zu Ludwig, 1869, Taf. XXVII, Fig. 11, sein. Dasselbe Stück wurde von E. Weiss, 1884 (1885), p. 164, in der

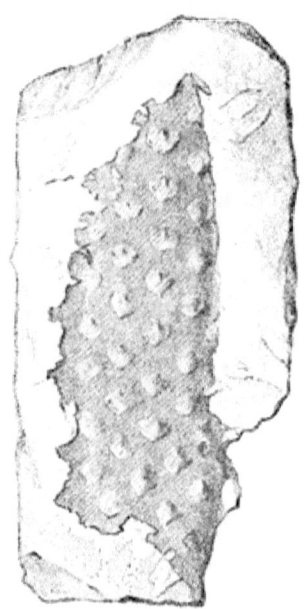

Fig. 5.
Bothrodendraceen-Rest? — Grube Hercules bei Sinn (S. B.¹!)

Fundortsangabe seiner *Knorria aciculari-acutifolia* angegeben, die im Harz für die Silur-Grauwacke charakteristisch ist.

Ein weiterer Bothrodendraceen-Rest ist vielleicht der von LUDWIG, l. c., S. 127 als »*Sigillaria (Stigmaria)* sp.« angegebene und Taf. XXVII, Fig. 10 abgebildete Rest, der mir ebenfalls vorliegt: Fig. 5. Es könnte sich in demselben sehr wohl um eine ramponirte Oberfläche mit Blattnarben von *Cyclostigma* resp. *Bothrodendron* handeln; freilich ist mir ein solcher Erhaltungszustand einer sicheren Bothrodendracee sonst aus den behandelten Revieren nicht bekannt.

Vorkommen: Grube Hercules bei Sinn (S. B.!!).

Kellerwald.

Silur-Fundpunkte von Landpflanzen-Häcksel und zwar an 8 Stellen sind in der Parallelisirungs-Tabelle, S. 23, von Herrn A. DENCKMANN's Abhandlung: »Geol. Bau des Kellerwaldes 1901«, angegeben worden. Allermeist handelt es sich um gänzlich unbestimmbares Material, aus dem ich nur das Folgende hervorheben kann.

Dictyodora.

Dictyodora kommt ebenfalls im Silur des Kellerwaldes vor (vergl. Jahrb. d. kgl. preuss. geol. Landesanst. f. 1896, S. 280), so z. B. in den Plattenschiefern des Schieferreinsgrabens (DENCKMANN, leg. 1896).

Weitere zweifelhafte Reste.

Der Fig. 6 abgebildete Rest wird nur mit Rücksicht auf Aehnliches aus dem Silur-Quarzit von Gommern (vergl. weiter hinten S. 66—67) erwähnt. Es handelt sich in demselben nur um

Fig. 6.
Calamitoid-cordaiter-Fetzen. — Kellerwald: Grauwackensandstein in den Plattenschiefern des Schieferreinsgrabens (leg. DENCKMANN 1896. S. B.!).

parallele Furchen, wie sie die Markhöhlungs-Steinkerne von *Asterocalamites* also von Protocalamariaceen und von Calamariaceen, überhaupt ganz allgemein von *Equisetales* aufweisen. Damit soll allerdings keine Bestimmung gegeben, also nicht zum Ausdruck gebracht werden, dass es sich sicher um den Rest einer equisetalen Pflanze handele.

An der angegebenen Stelle, wohin hier verwiesen wird, habe

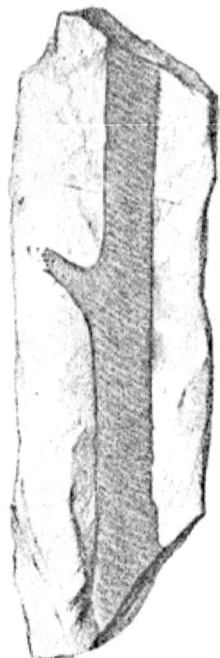

Fig. 7.
Kellerwald: (Oberste Urfer Schichten) Lauterbach bei Densberg, linkes Ufer über dem Einfluss in die Gilsa (leg. Denckmann 1896. S. B.¹).

ich ausdrücklich auf die Nothwendigkeit aufmerksam gemacht, solche Reste nicht ohne Weiteres als solche von *Asterocalamites* anzusehen. — Unser Rest entstammt den Urfer Schichten und zwar dem Grauwacken-Sandstein in den Plattenschiefern des Schieferreinsgrabens, gesammelt wurde er von Herrn A. DENCKMANN 1896 (S. B.¹!).

Ebensowenig lässt sich vorläufig über den Fig. 7 abgebildeten Rest irgend etwas Sicheres sagen; es sei nur erwähnt, dass sich ähnliche Axen mit kurzen, stachelähnlichen Anhängen im böhmischen Mitteldevon (BARRANDE's Silur H—h) finden; an einigen Resten — wie die erstgenannten aus den Urfer Schichten des Lauterbaches bei Densberg (leg. A. DENCKMANN, 1896. S. B.!) — sind die Abzweigungen übrigens nicht stachelförmig, sodass es sich wohl in keinem Falle um etwas anderes als um Zweige handelt, die gelegentlich so weit ramponirt sind, dass sie Stacheln vortäuschen.

Algen - Rest?
Fig. 8.

Der Fig. 8 abgebildete Rest macht habituell sehr den Eindruck einer Characee, besonders einer *Nitella*; die feinen quirl-

Fig. 8.
Characeen-ähnlicher Rest. — Kellerwald: Steinbruch im Kobbachthal b. Jesberg
(leg. A. DENCKMANN 1898. S. B.¹!).

ständigen Zweige, die hier und da Sporangien zu tragen scheinen, und die Feinheit der Hauptaxen entsprechen ganz dem, was den Habitus von *Nitella* ausmacht.

Vorkommen: Urfer Schichten: Steinbruch im Kobbachthal bei Jesberg (leg. A. DENCKMANN 1898. S. B.¹!).

cf. Rhodea.
Fig. 9.

Inwieweit der Fig. 9 abgebildete Rest in der That zu den Farn und dann vielleicht zu *Rhodea* zu stellen ist, ist bei der Kleinheit desselben schwer zu sagen. Ich habe denselben unter diesem Gattungsnamen bereits in meinem Lehrb. d. Pflanzenpal. 1899, S. 363 angeführt. Freilich ist auch an die von STUR, in der

Fig. 9.

cf. *Rhodea*. Rechts einzelne Theile vergrössert. — Kobbach-Steinbruch im Kellerwalde: Grauwackenschiefer in derber Grauwacke der Urfer Schichten (leg. A. DENCKMANN, 1896. S. B.!).

kaum zutreffenden Annahme, dass es sich um eine Alge handele, als *Sporochnus Krejčii* aus dem böhmischen Mitteldevon (BARRANDE's Etage H—h_1) beschriebene und Taf. II (STUR 1882) abgebildete Species, die sehr ähnliche, feine lineale Fiedern aufweist, zu denken, eine Species, von der noch festzustellen ist, wohin sie systematisch gehört.

Vorkommen: Steinbruch im Kobbachthal im Kellerwalde: Grauwackenschiefer in derber Grauwacke der Urfer Schichten (leg. A. DENCKMANN 1896. S. B.!!).

cf. Sphenopteridium rigidum.
Fig. 10.

Der vorliegende Rest Fig. 10 erinnert an die basalen Fiedern 1. Ordnung, oder an ein Stück einer solchen Fieder der in der Ueberschrift genannten Species; man vergleiche — um sich davon zu überzeugen — die Fig. 2, B, C und D. Mehr lässt sich vor der Hand freilich nicht sagen. In der That sind denn auch nach

der Tabelle, vorn S. 15, des Herrn DENCKMANN die Platten-
Schiefer, aus denen unser Rest stammt, gleichaltrig mit den

Fig. 10.

cf. *Sphenopteridium rigidum*. — Kellerwald: Plattenschiefer des Schieferreinsgrabens. — (leg. A. DENCKMANN 1899. S. B.¹)

Platten-Schiefern des Dill-Lahn-Gebietes, aus denen das *Sphenopteridium rigidum* stammt.

Vorkommen: Urfer Schichten: Grauwacken - Einlagerung
des Plattenschiefers des Schieferreinsgrabens im Kellerwalde (leg.
A. DENCKMANN 1899. S. B.¹).

cf. Sphenophyllum.
Fig. 11.

Die Fig. 11 abgebildeten Reste erinnern durchaus an solche
von *Sphenophyllum*, wenngleich sich Gabelungen der quirlig ge-

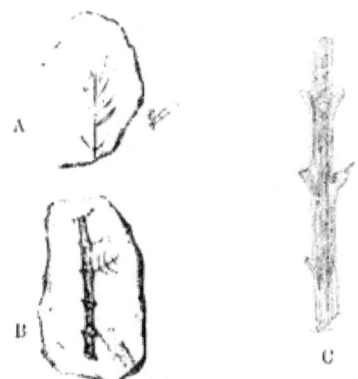

Fig. 11.

cf. *Sphenophyllum*. Rechts von A eins von den (unvollständigen) Blättern etwas
vergrössert. — Kellerwald: Steinbruch im Kobbachthal bei Jesberg
(leg. A. DENCKMANN 1898. S. B.¹).

stellten Blätter nicht mit Sicherheit constatiren lassen, und zwar bei der Feinheit der Blätter resp. der Blatttheile an *Sphenophyllum tenerrimum*. Die Form der Stengel-Nodial-Stücke der kleineren Reste, Fig. 11 A u. B, d. h. die charakteristische Breitenzunahme derselben von ihrer Mitte ab nach den Nodiallinien zu, ist durchaus die sphenophylloidische.

Vorkommen: Urfer Schichten: Steinbruch im Kobbachthal bei Jesberg (leg. A. DENCKMANN 1896 und 1898. S. B.[1]!).

Lepidophyten-Rest.

Auf demselben Stück mit der hinten, S. 29, erwähnten Stigmaria-Narbe liegt ein sehr rampouirter Spross vom Habitus eines kurzblättrigen *Lepidodendron*-Sprosses. Wohin derselbe gehört, lässt sich durchaus nicht sagen.

Vorkommen: Ebenso wie die *Stigmaria*, S. 29.

Knorria acicularis.
Fig. 12.

Knorria acicularis ist im Harz charakteristisch für Grauwacken-Schichten, die jetzt als silurischen Alters angesehen werden. Der

Fig. 12.

Knorria acicularis. Exemplar, bei dem die imbricaten Basaltheile der Parichnos-Strang-Steinkerne erhalten sind. — Kellerwald: aus älterem Kieselschiefer; Obernrfer Michelbach, Wasserriss auf dem rechten Ufer.
Leg. A. DENCKMANN (S. B.[1]).

Erhaltungszustand, den der vorliegende Rest aus dem Kellerwalde, Fig. 12, zeigt, ist hinten unter der Ueberschrift: Grauwacken-Partieen in der Umgegend von Strassberg und Lindenberg (im Harz) eingehend gewürdigt worden, wohin hier verwiesen wird.

Vorkommen: Zweifelhafte, wahrscheinlich silurische Schichten des Oberurfer Michelbaches (A. DENCKMANN, leg. S. B.!). Herr DENCKMANN schreibt mir über den Fundort: »Die Kieselschiefer, aus denen der Rest *Knorria acicularis* stammt, stehen in enger stratigraphischer Verbindung mit Kieselgallen-Schiefern, deren Fauna i. A. nicht gegen silurisches Alter sprechen würde. Auffällig ist nur das häufige Auftreten der unterdevonischen Gattung *Cryphaeus*. Andererseits erinnert die von L. BEUSHAUSEN beschriebene Art, *Ctenodonta subcontracta*, an eine untersilurische Art von Kanada«.

Stigmaria.
Fig. 13.

Von dem genannten Fossil liegen einige allochthone Narben, zum Theil mit noch daran haftenden Epidermis-Gewebefetzen

Fig. 13.

Stigmaria. — Kellerwald: Wasserriss oberhalb der Brücke des Erbsloches bei Densberg (leg. A. DENCKMANN 1898. S. B.!).

vor. Die an der Grenze der Fig. 13 abgebildeten Narbe sichtbare kurzradiale Streifung ist bei *Stigmaria*-Narben des productiven Carbons ebenfalls öfter zu beobachten.

Vorkommen: Wasserriss oberhalb der Brücke des Erbsloches bei Densberg im liegenden Schiefer der kalkigen Grauwacke des Erbsloches, welcher hier an der Basis des hercynischen Unterdevon auftritt. Die fraglichen Thonschiefer gehören wahrscheinlich dem höheren Obersilur an. Da die Untersuchungen über sein geologisches Alter noch nicht abgeschlossen sind, so ist er auf obenstehender Tabelle (S. 15) noch nicht berücksichtigt worden (leg. A. DENCKMANN 1898. S. B.!)[1].

---

[1] Die Schiefer werden von DENCKMANN neuerdings in den Erläuterungen zum Blatte Gilserberg zu den oberen Steinhorner Schichten gestellt.

Harz.

Tanner Grauwacke.

In der folgenden Liste gebe ich zunächst eine Uebersicht der von den Autoren aus der Tanner Grauwacke beschriebenen Reste mit Angabe der von ihnen gemachten Fundortsangaben und Beifügung kritischer Bemerkungen.

Species-Namen bei den früheren Autoren	Fundorte (im Wortlaut der Autoren)	Kritische Bemerkungen
Asterophyllites? oder »*Lepidostrobus*-Fruchtblatte? oder Calamariaceen-Rest? bei WEISS, 1885, S. 177 u. Erklärung zu Taf. VII, Fig. 3.	Steinbruch am Schaufenhauerthal[1]) im Oderthal.	Ganz zweifelhafter Rest!
Cyclostigma hercynium WEISS. 1885, S. 175, Taf. VII, Fig. 5, 6, 8, 9.	Steinbruch am Schaufenhauerthal im Oderthal.	Bothrodendracee: *Cyclostigma hercynium*!
Dechenia Roemeriana GÜRL. in ROEM., 1852, S. 96, Taf. XIV, Fig. 1[2].	Obere Abtheilung der jüngeren Grauwacke des Zolles bei Lauterberg.	*Knorria* vom Typus *imbricata*, mit sehr breiten und stumpfen, kurzen Wülsten; unten die Wülste ganz abgebrochen, daher hier das Stück mit quergestreckten Malen!
»Farn-Spindeln?«, WEISS, 1885, S. 177, Taf. VII, Fig. 14, 15.	Am Schaufenhauerthal.	Unklare, verzweigte Stücke, vielleicht richtig bestimmt!
»Farn-Spindel«?, l. c. S. 177, Taf. VIII, Fig. 7.	Am Schaufenhauerthal.	Zweifelhafter Rest!

---

¹) So schreiben die späteren Autoren und so steht auch auf der Section in 1:25000 des Königl. preussischen Generalstabes. Herr BEUSHAUSEN schreibt mir jedoch: »Schaufenhauerthal ist ganz sicher nur verdruckt bezw. verschrieben für Schaufelhauerthal; die Herstellung — Schnitzerei — von hölzernen Schaufeln, Mulden u. s. w. war früher im Harze vielfach verbreitet und wurde oft nicht in den Ortschaften, sondern draussen im Walde an den Stellen betrieben, wo das betreffende Holz zu haben war. Die Erklärung ist also sehr einfach (vergl. auch Personennamen wie »Moldenhauer«).« Uebrigens schreibt ROEMER (vergl. z. B. 1860, S. 165) richtig Schaufelbäuerthal.

²) ROEMER's Abbildungen sind fast durchweg sehr ungenau und zeigen oft Sculpturen, die die Originale, die mir vorgelegen haben, nicht oder in anderer Ausbildung aufweisen.

Species-Namen bei den früheren Autoren	Fundorte (im Wortlaut der Autoren)	Kritische Bemerkungen
Knorria aciculari-acutifolia Weiss, 1885, S. 161, Taf. V, Fig. 1—3.	Oderthal, am Schaufenhauerthal.	*Knorria acicularis* von *Cyclostigma hercynium*!
Knorria acutifolia Görp. in Roemer, 1852, S. 96, Taf. XIV, Fig. 4.	Obere Abtheilung der jüngeren Grauwacke bei Lauterberg.	*Knorria acicularis* von *Cyclostigma hercynium*!
Knorria cervicornis Roem., 1860, S. 9, Taf. III, Fig. 4.	Rothe Grauwacke des Schaufelhäuerthales bei Lauterberg.	Die Hauptfigur Roemer's wie kleinpolstriges *Lepidodendron* mit sehr langgezogenen Polstern, die Specialfigur ganz *Knorria* vom Typus *acicularis* (von *Cyclostigma hercynium*). Das Originalstück (S. Bm. C.?) ist durchaus *K. acicularis*.
Knorria confluens Görp. bei Weiss, 1885, S. 165, Taf. V, Fig. 5.	Schaufenbauerthal: Steinbruch am Oderthal.	*Knorria acicularis* von *Cyclostigma hercynium*!
Knorria confluens Görp. in Roemer, 1852, S. 96, Taf. XIV, Fig. 5, 6.	Obere Abtheilung der jüngeren Grauwacke bei Lauterberg (Fig. 6) und ½ Stunde westlich von Stolberg (am Wege nach Friedrichshöhe).	*Knorria acicularis* von *Cyclostigma hercynium* (?) und zwar in der S. 59 bis 61 beschriebenen Erhaltungsweise mit unten breiteren Basaltheilen des Parichnos-Stränge.
Knorria Goepperti Roem., 1843, S. 2.	Grauwacke zwischen Neuhof und Lauterberg und kommt sie auch in gleicher Gebirgsart bei Strassberg vor.	*Knorria acicularis*! (von *Cyclostigma hercynium*). Dann also wohl ebenfalls *Knorria acicularis* (vergl. S. 56 ff.).
Knorria megastigma Roem., 1843, S. 3.	Grauwacke zwischen Neuhof und Lauterberg.	*Knorria acicularis*! (von *Cyclostigma hercynium*).
Knorria Selloni Sternberg bei Weiss, 1885, S. 166, Taf. V, Fig. 4.	Schaufenbauerthal: Steinbruch am Oderthal. Zwischen Andreasberg und Lauterberg bei der Einmündung des Breitenbecks.	*Knorria acicularis*! (von *Cyclostigma hercynium*). Wohl auch *Knorria acicularis*.
Knorria Selloni var. *distans* Weiss, 1885, p. 167.	Grauwacken-Einlagerung des Unteren Wieder Schiefer bei Lindenberg bei Strassberg.	*Knorria acicularis*! (von *Cyclostigma hercynium*).
Lepidodendron sp. Weiss, 1885, S. 170, Taf. VII, Fig 4, 10, 11.	Oderthal: Steinbruch am Schaufenhauerthal.	Wohl junge Zweige von *Cyclostigma hercynium*!

Species-Namen bei den früheren Autoren	Fundorte (im Wortlaut der Autoren)	Kritische Bemerkungen
Lepidodendron sp., l. c., S. 171, Taf. VII, Fig. 13.	Oderthal: Steinbruch am Schaufenhauerthal.	Wohl Bothrodendraceen-Stamm-Rest (gewiss *Cyclostigma hercynium*)!
Lepidodendron sp., beblätterte Zweige, l. c. S. 172, Taf. VII, Fig. 17.	Oderthal: Steinbruch am Schaufenhauerthal.	Zweifelhaft. Kann ein beblättertes Sprossstückchen eines Lepidophyten, also auch einer Bothrodendracee sein!
Sagenaria bei Roemer, 1852, S. 96, Taf. XIV, Fig. 3.	Obere Abtheilung der jüngeren Grauwacke bei Lauterberg.	*Cyclostigma hercynium*!
Sigillaria- oder *Lepidodendron* - Blattrest bei Weiss, 1885, S. 177, Taf. VII, Fig. 12.	Schaufenhauerthal.	Zweifelhaft.
Stigmaria ficoides Brgt. bei Roemer, 1860, S. 10, Taf. III, Fig. 7.	Rothe Grauwacke am Scharzfelder Zoll.	*Knorria* vom Typus *acicularis* mit aufgerichteten Wülsten (gewiss zu *Cyclostigma hercynium* gehörig)!

Schon aus den kritischen Bemerkungen dieser Liste ergiebt sich, dass, wenn man die Flora der ältesten Grauwacken-Schichten des Harzes mit einem Worte charakterisiren will, sie als eine Bothrodendraceen-Flora zu bezeichnen ist, denn die sämmtlichen vorliegenden Reste, soweit sie einen näheren Charakter aufweisen, der eine mehr oder minder sichere Bestimmung zulässt, erweisen sich überhaupt als zu Bothrodendraceen gehörig, und zwar konnte ich nur die im Folgenden beschriebene Art unterscheiden.

p-Cyclostigma hercynium [1]).

Cyclostigma hercynium Weiss, 1885, S. 175, Taf. VII, Fig. 5, 6, 8, 9.
Sagenaria bei Roemer, 1852, S. 96, Taf. XIV, Fig. 3.
Lepidodendron sp., bei Weiss, 1885, S. 170 und 171, Taf. VII, Fig. 4, Taf. VII, Fig. 13.

[1]) Da der Name *Cyclostigma* für eine Section der Gattung *Gentiana* bereits vergeben ist, wäre für unser Fossil durchgängig *p-Cyclostigma* zu schreiben (vergl. H. Potonié, Palaeophytologische Notizen: IX. Zur Nomenclatur der Fossilien. — Naturw. Wochenschr., Berlin, 8. Juli 1900); der Kürze halber werde ich jedoch im Folgenden einfach *Cyclostigma* setzen.

Der *Knorria*-Erhaltungszustand unserer Bothrodendracee wurde beschrieben und abgebildet als:

Knorria Goepperti ROEMER, 1843, S. 2.
 » *megastigma* ROEMER, 1843, S. 3.
Dechenia Roemeriana GÖPPERT in ROEMER, 1852, S. 96, Taf. XIV, Fig. 1.
Knorria acutifolia GÖPP. bei ROEM., 1852, S. 96, Taf. XIV, Fig. 4.
 » *conflaens* GÖPP. bei ROEM., 1852, p. 96, Taf. XIV, Fig. 5, 6 und WEISS, 1885, S. 165, Taf. V, Fig. 5.
 » *cervicornis* ROEM., 1860, S. 9, Taf. III, Fig. 4.
»*Stigmaria jicoides* BGT.« bei ROEM., 1860, S. 10, Taf. III, Fig. 7.
Knorria acicnlari-acutifolia WEISS, 1885, S. 162, Taf. V, Fig. 1, 2, 3.
 » *Sellani* STERNBERG bei WEISS, 1885, S. 166, Taf. V, Fig. 4.
 » » var. *distans* WEISS, 1885, S. 167.

Fig. 14—19.

Ursprünglich glaubte man, dass die Arten der Bothrodendraceen in ihren kleinen Narben nur je ein Närbchen, den Querbruch der Blattspur, besitzen, bis sich an gut erhaltenen epidermalen Oberflächen zeigte, dass allermeist deren 3 vorhanden sind. An der Bothrodendracee des Harzes kann man jedoch in der That nur ein einziges centrales Närbchen bemerken, und da die Narbencontur durchaus kreisförmig ist, so erhalten wir das Bild einer minimalen *Stigmaria*-Narbe. Schon WEISS hat l. c., Taf. VII, Fig. 8, die Narbe mit ihrem Närbchen so dargestellt, wie ich sie auch ganz deutlich sehe, nur dass er nicht bemerkt hat, dass sich unter Umständen die unter dem Hautgewebe befindlichen Steinkerne der Parichnos-Stränge, die Knorria-Wülste, wie bei Bothrodendren aus dem productiven Carbon (vergl. POTONIÉ 1892 und Lehrbuch 1899, S. 242—243, Fig. 227) auch unterhalb der Narben auf der epidermalen Oberfläche zuweilen sehr deutlich markiren. Namentlich ist das bei dünneren Zweigstücken unserer *Cyclostigma hercynium* der Fall und so dürfte dann auch der von WEISS l. c., Taf. VII, Fig. 4, als *Lepidodendron* sp. abgebildete Rest eines schmaleren Zweig-Stückes zu der letztgenannten Art gehören; er selbst spricht S. 171 von »scheinbaren Rippen«, die unten »am breitesten sind und nach oben sich lanzettlich zuspitzen«, mit anderen Worten von Wülsten, die oben ganz die Form derjenigen von *Knorria acicularis* haben. Bei der ganz überwiegend schlechten Erhaltung der epidermalen Flächen, (weil es sich um allochthone

Reste handelt), ist es freilich möglich, dass es hier ebenso wie mit den Bothrodendraceen mit 3 Närbchen gehen könnte, dass sich nämlich später an besseren Resten ergeben könnte, dass auch unsere Species aus dem Harz 3 Närbchen besessen hat. Bei der Beobachtung von WEISS jedoch und wegen der in unseren Fig. 14 C und D abgebildeten Reste, die ganz deutlich nur je einen grossen centralen Punkt in jeder Narbe aufweisen, ist es jedoch nöthig bis auf Weiteres eine Unterscheidung zu machen. Da sonst das Gros der Lepidophyten 3 Närbchen besitzt, ist dieser Unterschied so bemerkenswerth, dass eine generische Abtrennung sich allenfalls rechtfertigen liesse, und da sind am besten die Bothrodendraceen-Arten in die beiden Gattungen *Cyclostigma* HAUGHTON und *Bothrodendron* LINDLEY und HUTTON zu gruppiren. Die Sachlage ist freilich die, dass die letztgenannte Gattung schon 1833—1835 S. 1 und 1837 S. 218 von LINDLEY und HUTTON aufgestellt wurde und dass sich später ergeben hat, dass die Species, auf die sich HAUGHTON's Name von 1859 *Cyclostigma* bezieht, auch 3 Närbchen besitzt, also ebenfalls zu *Bothrodendron* gehört; HAUGHTON hat jedoch in seiner Diagnose nur von einem Närbchen gesprochen, und so wollen wir denn, die sonst überflüssig gewordene Gattung p-*Cyclostigma* beibehalten für solche Arten, bei denen sich überhaupt oder vorläufig nur 1 Närbchen constatiren lässt, um so mehr als WEISS unsere Art aus dem Harz als *Cyclostigma* angegeben hat.

Falls sich auch weiterhin bestätigen sollte, dass unsere Harzer Species auf ihren Blattnarben nur ein Närbchen erkennen lässt, so ist doch festzuhalten, dass das nicht etwa in einem principiell von der Gattung *Bothrodendron* (im engeren Sinne) sich unterscheidenden Bau liegen kann. Die Blattspuren von *Cyclostigma* sowohl wie die von *Bothrodendron* sind in ihrem Verlauf durch die Rinde — wie das Vorhandensein von *Knorria*-Wülsten zu erkennen giebt — von einem »Parichnos«-Gewebe (also von der Form der *Knorria*-»Wülste«, die ja die Steinkerne des Parichnos-Gewebes sind) umgeben, d. h. die Blattspuren sind in dasselbe eingebettet. Bei den meisten Lepidophyten geht jedoch der Parichnos-*Knorria*-»Wulst« oder besser -Strang in 2 Lappen aus-

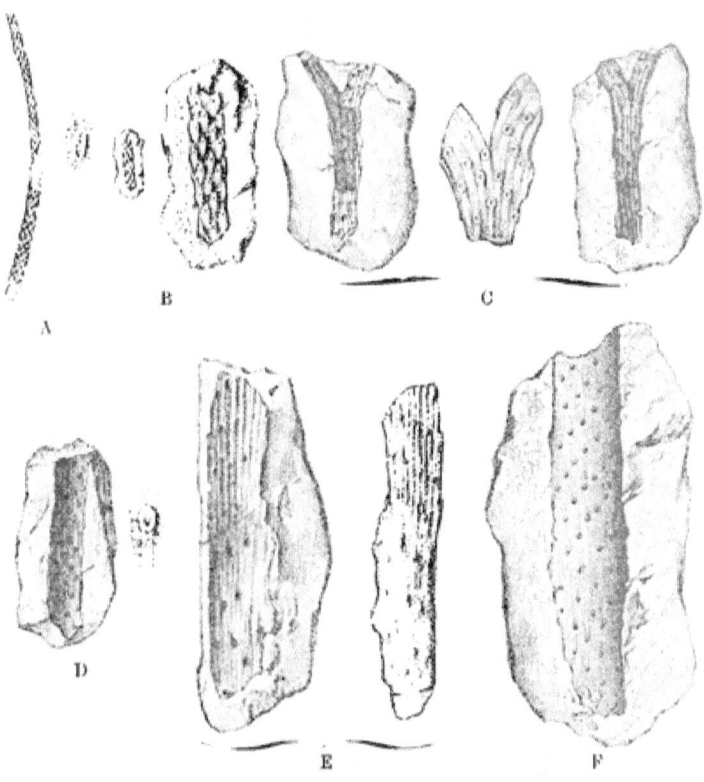

Fig. 14.

Cyclostigma hercynium Weiss. A und B = mehr minder deutlich lepidodendroid gepolsterte, ganz schmale Zweigstücke, die gewiss zu der genannten Art gehören. Rechts von dem Stück A ein Feld einige Male vergrössert, rechts von B dasselbe Stück B in 3:1. — C = schwaches, gegabeltes Zweigstückchen in Druck und Gegendruck, zum Theil noch kohlig erhalten. In der Mitte etwas vergrösserter Wachsabdruck des linken Stückes an der Gabelstelle. D = etwas stärkeres Zweigstückchen, daneben eine etwas vergrösserte Narbe. E = noch stärkeres Zweigstückchen, aber mit schlecht erhaltenen Narben; rechts Wachsabdruck des Stückes. F = wie vorher.

Oderthal im Harz: Steinbruch unmittelbar nördlich der Mündung des Grossen Schaufenhauerthales (leg. H. Potonié, X. 1898).

einander, die sich bei den Knorrien ja sehr oft am Gipfel der Wülste als Spalt oder kleine Einsenkung markiren, zuweilen aber nur durch ein trennendes Pünktchen zur Andeutung gelangen.

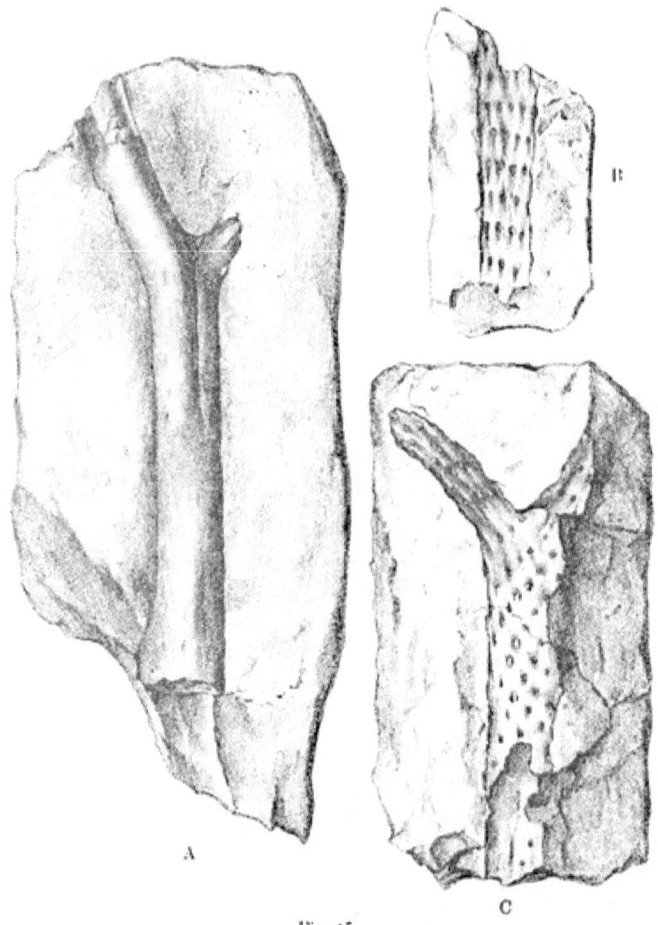

Fig. 15.
Cyclostigma kiltorkense. — Fundort wie Fig. 13.   (Sammlung ARMSTER, 1901?)

Nimmt man an, dass die Trennung der Blattspur, die sonst zwischen den beiden »Lappen« verläuft, von den beiden aus den *Knorria*-Wülsten hervorgehenden, das Leitbündel des Blattes seitlich begleitenden Parichnos - Strängen erst ausserhalb der Blattabbruchstelle, also innerhalb des Blattes selbst oder überhaupt nicht erfolgt, so können Seiten-Närbchen auf der Blattnarbe nicht in die Erscheinung treten, da diese den in solchen Fällen fehlenden Lappen der *Knorria*-Wülste entsprechen. Die *Cyclostigma*-Narben machen sehr den Eindruck, dass es sich so, wie hier dargestellt, verhält; es kommt hinzu, dass die Knorrien, die irgend welche Besonderheiten an ihren Wülsten zeigen, wie das Stück Fig. 28 durch dieselben ganz und gar dem Gesagten entsprechen. Das Stück Fig. 28 zeigt die Wülste links oben durch einen Spalt in zwei Längs - Hälften getheilt; das ist aber hier so zu verstehen, dass die vorderen Hälften dieser Parichnos - Strang - Steinkerne verschwunden sind und zwar bis zu der Fläche, welche die in dem Spalt verlaufende und durch diesen markirte Blattspur enthält. Man achte darauf, dass diese Blattspur-Rinne unmittelbar vor der Spitze der in Rede stehenden Parichnos-Stränge zu Ende ist und das entspricht ganz den noch vollständig erhaltenen Wülsten rechts, die unmittelbar unter ihrem Gipfel einen Punkt aufweisen: die Durchtrittsstelle des Leitbündels. Auf den Blattnarben erscheint nun das Närbchen in derselben Form als einfacher Punkt, kreisförmig, also vollständig (und nicht nur rechts und links als zwei besondere Närbchen) umgeben von Parichnos - Gewebe, so dass die gesammte Blattnarbe *Stigmaria*-ähnlich wird. Auch der schon erwähnte *Knorria*-Rest ROEMER's, den dieser als *Stigmaria* bestimmt (vergl. S. 44—45), zeigt schon durch diese Bestimmung, und die Abbildung ROEMER's bestätigt das, dass das Parichnos am Gipfel der Wülste die Blattspuren noch vollständig einhüllte.

Bemerkenswerth ist an unserer Art, dass auch jugendliche, schwache Zweige schon eine typisch bothrodendroïde Epidermis besitzen, wie das z. B. Fig. 14C zeigt. Es ist aber warscheinlich, dass ein principieller Unterschied mit dem bei carbonischen Bothrodendraceen constatirten Verhalten demnach nicht besteht. Bei einigen der letzteren (vergl. mein Lehrbuch 1899, S. 242—243, hat beobachtet werden können, dass die noch ganz jungen Zweige eine lepidodendroide Polsterung besitzen und wenn lepidendroidgepolsterte schwache Zweigstücke auch an unseren *Cyclostigma*-Resten nicht in organischem Zusammenhange beobachtet worden sind, so findet man solche doch zusammen mit ihnen eingebettet: Fig. 14 A. Die Form und Ausbildung der Narben solcher kleinlepidodendroid-gepolsterter Stücke stimmt sehr gut mit denjenigen der breiteren Sprossstücke, die dann *Cyclostigma*-Oberfläche aufweisen, überein. Solche Zweigstückchen als *Lepidodendron* zu bestimmen, wie Weiss das gethan hat (1885, Taf. VII, Fig. 10, 11) ist hiernach gewagt; vielmehr liegt es weit näher sie — nach den Erfahrungen mit den carbonischen Bothrodendraceen — als ganz junge, noch gepolsterte Zweige von *Cyclostigma* anzusehen, um so mehr als sich zweifellose *Lepidodendron*-Reste mit normal grossen Polstern in den Schichten mit unserer *Cyclostigma* nicht gefunden haben. Dasselbe ist übrigens an der ursprünglichen Fundstelle von *Bothrodendron Kiltorkense* der Fall, wo sich zwar ganz schmale lepidodendroid gepolsterte Zweigstücke, aber keine Reste mit voll ausgebildeten *Lepidodendron*-Polstern finden. Ebenso ist es in den *Cyclostigma* führenden Schichten der Bäreninsel. Nach alledem ist das Vorkommen von *Lepidodendron* in den Harzer Bothrodendraceen-Schichten höchst zweifelhaft.

Bemerkenswerth ist ferner, dass sich bei *Cyclostigma hercynium* oft die Blattnarben wie bei vielen Bothrodendraceen-Resten auch anderer Reviere in deutlichen Querzeilen, also quirlig ordnen: das erinnert an die paar Blüthenreste von *Bothrodendron*-Arten, die bis jetzt erst bekannt geworden sind und die quirlig stehende Sporophylle besitzen. Es macht vielfach den Eindruck, als rückten die Blätter, beziehungsweise die Blattnarben, erst in Folge nachträglichen ungleichen Längen-Wachsthums aus der Horizontalen, so dass dann gebogene (Weiss 1885, Taf. VII, Fig. 5) oder schräg verlaufende Reihen (l. c., Fig. 9) erreicht werden. An dem von Weiss l. c., S. 171 fälschlich unter *Lepidodendron* beschriebenen Rest, Taf. VII, Fig. 4, der ein nur 7,5 mm breites Sprossstückchen von *Cyclostigma* ist, ist auch diesem Autor die Quirlstellung aufgefallen, die gerade mit dafür spricht, dass in der That ein *Cy-*

clostigma-Rest vorliegt. Das Längen- und Dicken-Wachsthum combiniren sich gewöhnlich so, dass schliesslich die Stellung der Narben resp. Male im Quincunx erreicht wird (WEISS l. c., Taf. VII, Fig. 13), so dass beim blossen Anblick die Vermuthung, dass in der Jugend Quirlstellung vorgelegen hat, ohne Kenntniss dieser Jugend-Zustände nicht auftauchen kann. Zuweilen überwiegt aber das Längen-Wachsthum derart, dass auch bei dickeren Stamm-Resten noch die Quirlstellung auffällig ist (vergl. z. B. ROEMER 1852, Taf. XIV, Fig. 3 und unsere Fig. 15 B).

Ueber die Beblätterung unserer Species giebt der Fig. 16

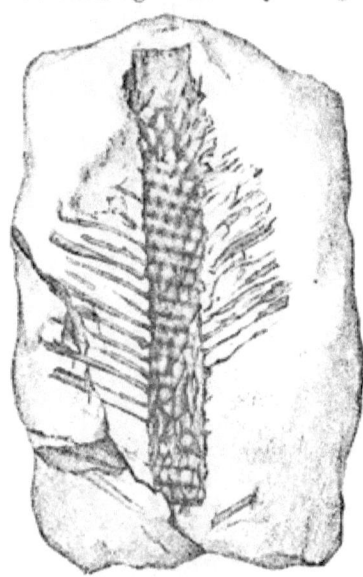

Fig. 16.
Beblätterter Spross von *Cyclostigma hercynium*. Fundort wie Fig. 13.
Leg. KAYSER, 1879. (S. B.!?).

abgebildete Rest Auskunft. Wir sehen, dass es sich um langlineale Laubblätter handelt, wie solche überhaupt für die Lepidophyten, sowohl Lepidodendraceen als auch Sigillariaceen bemerkenswerth sind.

Die zu *Cyclostigma hercynicum* gehörigen Knorrien sind wesentlich solche vom Typus der *Knorria acicularis* bis *Knorria Selloi*: an den kleineren und mittelgrossen Zweig- und Stamm-Resten handelt es sich um *K. acicularis*, an den grösseren Stamm-Stücken um *K. Selloi*, wie letzteres durch die Fig. 4, Taf. V, von Weiss

Fig. 17.
Knorria. Rechts und links von dem Stück noch je ein Streifen der Aussenrinde zu sehen, die auf der Epidermis noch *Cyclostigma*-Narben zeigt. — Mündung des Schaufenhauerthals im Oderthal. — (S. Bm. C.?)

1885 (unsere Fig. 20) veranschaulicht wird. Es ist genau dasselbe Verhältniss, wie es sich aus dem Studium anderer Bothrodendraceen ergiebt, bei denen die Breite der *Knorria*-Wülste sich nach der Dicke des Stamm-Restes, den sie bekleiden, richtet, in Folge der Breitenzunahme auch der *Knorria*-Wülste mit dem Dicken-Wachsthum der Stämme (vergl. z. B. die Abbildung Fig. 7, Taf. XIV bei NATHORST, 1894). Die S. Bk. C. besitzt ein etwa 1 m langes, verzweigtes Stück aus der Grauwacke bei Lauterberg, das auffallend unten breite und kurze, locker stehende Wülste von *Knorria Selloi* oben jedoch solche von *Knorria acicularis* trägt. *Knorria Selloi* geht aber nicht nur in der geschilderten Weise als Resultat des Dicken-Wachsthums aus der *Knorria acicularis* hervor, sondern ebenso aus der *Knorria imbricata* der Lepidodendraceen. Die dachziegelig, engstehenden Parichnos-Wülste dieses Erhaltungs-Zustandes rückten im Verlaufe des Dicken-Wachsthums, wie sich an Resten aus dem Culm und dem productiven Carbon ergiebt, auseinander, so dass eben der Charakter der *K. Selloi* zu Stande kommt. Es ist jedoch beachtenswerth, dass sich die aus der *Knorria acicularis* entstandene *Knorria Selloi* von derjenigen, die aus *Knorria imbricata* hervorgegangen ist, insofern oft auffällig unterscheidet, als die Wülste der *K. acicularis-Selloi* besonders lang sind und die Seitenränder mehr parallel verlaufen, entsprechend den lang gestreckten Wülsten der *Knorria acicularis* (vergl. hierzu die Fig. 20), während die Wülste der *K. imbricata-Selloi* kürzer und stumpfer sind und die Seitenränder von dem Gipfel der Wülste aus divergiren (vergl. hierzu Taf. LVII in STERNBERG's Versuch). Der von WEISS abgebildete Rest (unsere Fig. 20) stammt von dem Hauptfundort der *Cyclostigma hercynium*, der STERNBERG'sche jedoch aus dem productiven Carbon und dürfte somit zu einem *Lepidodendron* gehören.

Die als Synonyme zu *Cyclostigma hercynium* aufgeführten *Knorria*-Zustände ergeben sich als solche daraus, dass die zugehörigen Stücke aus dem Horizont stammen, welcher *Cyclostigma hercynium* als charakteristisches Fossil enthält, dass ferner dieses Fossil als *Knorria*-Zustand in dem Typus der *K. acicularis* auftritt, die gerade in vielen Exemplaren zusammen mit *Cyclostigma hercynium* gefunden wird und dass — wie auseinandergesetzt — *Knorria acicularis* theils an einem und demselben, theils

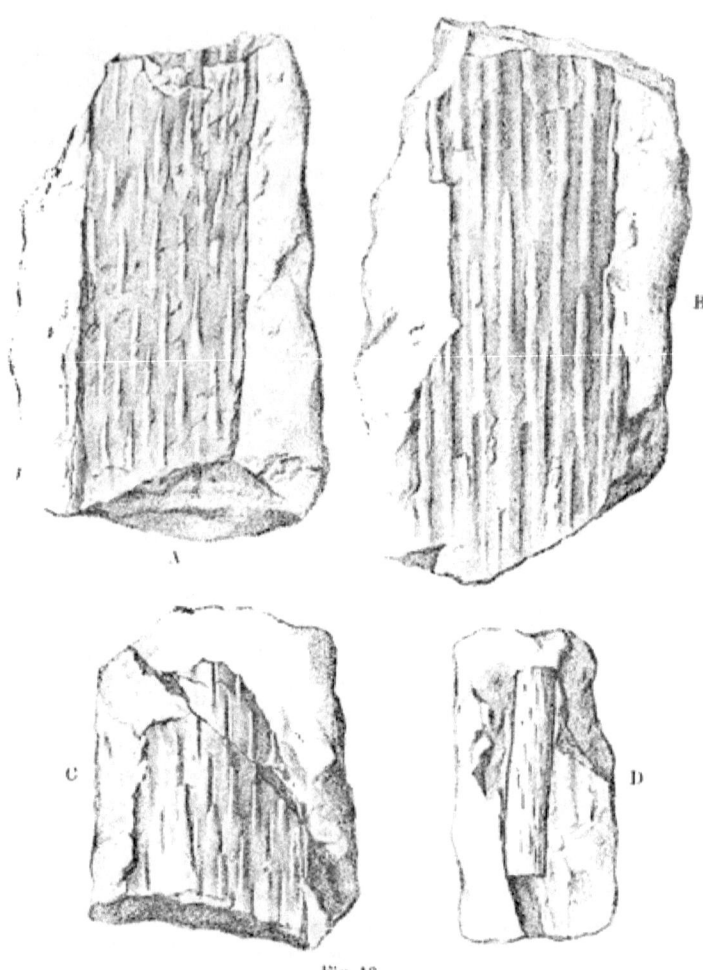

Fig. 18.
Knorria aciculacis, zu *Cyclostigma hercynium* gehörig. — Von derselben Fundstelle wie Fig. 13. A = Parichnos-Wülste, noch alle vollständig erhalten. B, C u. D = die Wülste zum Theil ganz weggebrochen, zum Theil vorhanden (A und B leg. H. POTONIÉ, X. 1898, S. B.[1]. C und D Sammlung ARNSTEIN, 1901!)

in allen wünschenswerthen Uebergängen zu den Formen vorkommen, welche die vielen »Art«-Namen veranlasst haben.

Einen schönen Beleg für die Thatsache, dass die *Knorria* vom Typus *acicularis* in der in Rede stehenden Grauwacke ein Erhaltungszustand des *Cyclostigma hercynium* ist, bietet der Fig. 17 abgebildete *Knorria*-Steinkern, der noch partiell die Aussenrinde mit der epidermalen Oberfläche erhalten zeigt, die *Cyclostigma*-Narben trägt. Vergl. auch Fig. 25 C und ihre Erklärung.

Die *Knorria Goepperti* ROEMER's ist nach dem mir vorliegenden Original (S. Hd.!) = *K. acicularis* mit mittelweit von einander stehenden Wülsten.

Fig. 19.
Knorria confluens Görr. — (Original zu ROEMER, 1852, Taf. XIV, Fig. 6). — Lauterberg. (S. Bm. C.)

Knorria megastigma ROEMER (S. Hd.!) ist *K.* von dem Typus der *acicularis*, d. h. mit entfernt stehenden, aber breiteren Wülsten: eine Mittelbildung zwischen der typischen *K. acicularis* und der *K. Selloi*.

Knorria confluens GÖPP. bei ROEMER desgleichen. Das Stück Fig. 5 ist *K. acicularis* in ganz typischer Ausbildung, das Stück Fig. 6 mehr *K. Selloi* mit überall noch fast ganz erhaltenen Wülsten, sodass sie weit hinaufreichen und dadurch der Charakter zu Stande kommt, der für die »Species« *K. confluens* maassgebend sein soll, dass nämlich jeder ältere Wulst (bei ROEMER, S. 96 »Blatt«) »mit der verschmälerten oberen Spitze bis über die Basis des folgenden hinausreicht und an dessen Seite sich anlegt«. Bemerkenswerth ist wieder an diesem Stück vom *Selloi*-Typus die Parallelität der Wulst-Seitenränder: es könnte dasselbe also als *K. aciculari-Selloi* bezeichnet werden. An dem mir vorliegenden Rest von ROEMER's Fig. 6 — unsere Fig. 19 — ist bemerkenswerth, dass sich die Wülste (die Parichnos-Steinkern-Stränge) an einer bestimmten Stelle ziemlich plötzlich verschmälern, sodass die Wülste unten wesentlich breiter sind als über der Verschmälerungsstelle, von wo ab dieselben durchaus die typische *acicularis*-Ausbildung aufweisen, während die Basalstücke mehr das übliche Verhalten der bisher als *Knorria imbricata* und *K. Selloi* bestimmten Stücke zeigen. Diesen interessanten Erhaltungszustand wollen wir im Folgenden kurz als den eigentlichen *K. confluens*-Zustand bezeichnen; er wird eingehender weiter hinten bei der Besprechung der Strassberger Reste Berücksichtigung finden (vergl. S. 58—59).

Knorria acutifolia GÖPP. bei ROEMER, ist wiederum ein Erhaltungszustand zwischen *K. acicularis* und *Selloi*.

Knorria cervicornis ROEMER ist, wenn wir die Specialfigur 4 b zu Grunde legen, *K. acicularis* mit verhältnissmässig dicht stehenden Wülsten; die Entfernungen entsprechen jedoch der Gesammtdicke des Stengelrestes Fig. 4 a, stehen doch die Wülste noch zarterer Stengelreste noch enger beisammen, da die Blattnarben erst gemäss dem Dickenwachsthum auseinanderrücken.

Der als *Stigmaria ficoides* BRG. bestimmte Rest ROEMER's ist *Knorria Selloi* mit senkrecht zum Stamm-Steinkern aufgerichteten Wülsten. Näheres über solche stigmaria-ähnlichen *Knorria*-Wülste habe ich hinten bei der Betrachtung der Culm-Knorrien des Harzes und des Magdeburgischen angegeben. An dem untersten rechten Wulst der Abbildung sieht man noch deutlich, dass es sich wirklich um Vorsprünge handelt, da dieselben hier etwas seitwärts geneigt sind. Die centrale Marke in den vermeintlichen *Stigmaria*-Narben ist die Durchtrittsstelle der Blattspur, wie das vorn S. 34—37 beschrieben wurde.

Knorria acicalari-acutifolia WEISS ist theils *K. acicularis*, theils eine Mittelbildung zwischen dieser und der *K. Selloi*.

Knorria confluens GÖPP. bei WEISS ist *K. acicularis* in typischer Ausbildung. Hervorzuheben ist, dass die sehr langen Wülste des Stückes zum Theil ganz weggebrochen sind, sodass auf dem Stück an Stelle derselben langgestreckte Rinnen erscheinen wie an den Stücken unserer Fig. 18 B und C.

Knorria Selloi STERNBERG bei WEISS, Fig. 20, ist *K. acicalari-*

Fig. 20.
Knorria Selloi. — Fundort wie vorher. — Copie der Abbildung von WEISS. Jahrbuch f. 1884, Taf. V, Fig. 4.

Selloi, also die typische *K. Selloi* und zwar die Form mit Parallelrändern. Die Spitzen der Wülste sind genau quer abgebrochen, sonst würden sie die ROEMER'sche *K. confluens* ergeben.

Knorria Selloi var. *distans* WEISS, ist *K. acicalari-Selloi*.

Der *Knorria*-Rest von Lauterberg, den GÖPPERT-RÖMER als *Dechenia Römeriana*[1]) anführen, Fig. 22, ist der auffallendste von den vielen in der Literatur angegebenen *Knorria*-Resten des Bothrodendraceen - Horizonts, der auf den ersten Blick nicht in den Typus der *K. aciculari-Selloi* zu passen scheint, von dem man also nach dem Bisherigen keine hinreichenden Gründe hat, ihn ohne Weiteres als zu *Cyclostigma* gehörig anzusehen. Man könnte überhaupt die Fundortsangabe des Restes anzweifeln, da solche Angaben in den älteren Sammlungen leider nicht selten unzuverlässig (vergl. z. B. das S. 61 über *Sagenaria Bischofii* Gesagte) und dann um so vorsichtiger aufzunehmen sind, wenn einmal ein Rest nicht gut zu den übrigen von angeblich demselben Fundort herstammenden Resten passen will. Jedoch ergiebt sich aus dem Folgenden, dass *Dechenia* doch wohl nur ein besonderer Erhaltungs-Zustand einer *Cyclostigma-Knorria* sein dürfte, wie das hierunter erläutert werden wird, sodass der wohlfeile Ausweg, den Rest dadurch zu beseitigen, dass man seine Herkunft anzweifelt, durchaus nicht in Frage zu kommen braucht; wir werden im Gegentheil sehen, dass er sich ganz bequem in die Reihe der *Knorria*-Erhaltungs-Zustände unserer *Cyclostigma* einfügt. Es kommt hinzu, dass mir in letzter Minute ausser dem von ROEMER ungenügend abgebildeten Originalstück noch 3 andere *Dechenia Roemeriana* - Reste bekannt geworden sind, die sich im Besitz des Herrn Hôtelbesitzers SCHUSTER in Scharzfeld befanden (jetzt 2 derselben der S. B.[1] gehörig!) und die von demselben Fundort stammen wie der ROEMER'sche Rest. Vergl. Fig. 23 und 24.

Wir haben also betont, dass von *Knorria* der Typus *acicularis* für die Bothrodendraceen charakteristisch ist. Es war mir daher auffällig, dass sich gelegentlich einmal auch zum Typus der *K. imbricata* hinneigende Reste in unseren Schichten ausser dem Rest *Dechenia Roemeriana* mit der *Cyclostigma hercynium* vorfanden, obwohl ich sonst ausser der letztgenannten Lepidophyte keine andere

---

[1]) Die Gattung *Dechenia* GÖPPERT, Gatt. foss. Pfl. 1841, Lief. 3 und 4, Taf. III, Fig. 1, gründet sich ursprünglich auf einen ganz unklaren Rest aus der Culm-Grauwacke von Landshut in Schlesien, dem GÖPPERT den Species - Namen *euphorbioides* beilegte. Es handelt sich um ein stammförmiges Object, das wie mit mächtigen, dicht gedrängt stehenden Primordien besetzt aussieht.

constatiren konnte, etwa Reste von *Lepidodendron*-Arten, wie solche im Culm neben *Knorria imbricata* vorkommen, auch nicht einmal in Objecten, die einen wesentlichen Zweifel bedingt hätten, sie anders, als zu Bothrodendraceen gehörig, aufzufassen. Dass nun trotzdem gelegentlich mit *Cyclostigma*-Resten zusammen der Typus der *K. imbricata* vorhanden ist, hat mich anfänglich naturgemäss einigermaassen gestört, da *Knorria imbricata* als Erhaltungs-Zustand der Lepidodendraceen, also besonders für unsere Culm-Schichten leitend ist und so in Vergleich mit der die Silur-Grauwacke auszeichnenden *K. acicularis* ein bequemes Mittel abgiebt, ihrer geologischen Stellung nach zweifelhafte Fundpunkte unterzubringen. Das wenn auch nur sporadische Vorhandensein von *K. imbricata* nun auch in der Silur-Grauwacke, musste die Sicherheit in der Beurtheilung solcher zweifelhaften Fundpunkte stören. Ein günstiger Fund, den ich in einem Steinbruch westlich Strassberg an der Selke gemacht habe, hat mir nun aber gezeigt, dass die silurische *K. imbricata* durchaus nicht mit derjenigen aus dem Culm zusammengebracht werden kann, sondern sich von dieser unterscheidet. Es handelt sich nämlich in der ersteren um weiter nichts, als ebenfalls um *K. acicularis* resp. *Selloi*, jedoch in besonderer Erhaltungsweise, die zu beschreiben ist, was hier hinter S. 58—59 geschehen wird.

Wir hätten demnach im Wesentlichen kurz und bündig — wenn wir das Vorausgehende und das bei Betrachtung des weiter hinten über die Strassberger *Knorria* Gesagte zusammenfassen —, je nachdem die Parichnos-Stränge als Steinkerne, beziehungsweise in ihren unteren Theilen als Halbreliefs an den Stamm-Steinkernen mehr oder minder weit erhalten sind, zu unterscheiden:

1. *Knorria acicularis*: Parichnos-Stränge nur in ihren schmalen, auf dem Stamm-Steinkern locker stehenden Gipfeltheilen in die Erscheinung tretend.

2. *Knorria imbricata*-ähnliche, aber durch oft kürzere, breite Wülste von der *Knorria imbricata* der Lepidodendraceen unterschiedene Erhaltungs-Zustände, bei denen die unter 1 erwähnten Gipfeltheile abgebrochen und die breiteren Basaltheile als Steinkerne oder Halbreliefs erhalten sind und dabei ziemlich dicht

(imbricat) stehen, wie das insbesondere an den noch nicht ausgiebig in die Dicke gewachsenen Stamm-Resten auffällt.

3. *Knorria Selloi:* wie vorher, aber die Parichnos-Basaltheile entfernt stehend und insofern den Charakter des *Acicularis*-Typus besitzend, der bei den in Rede stehenden Knorrien besonders an den dickeren Stamm-Theilen auftritt, die also bereits ein ausgiebiges Dicken-Wachsthum hinter sich hatten.

4. *Knorria confluens*-Zustand mit lang erhaltenen, unten breiten und durch plötzliche Verschmälerung im oberen Theil wesentlich schmäleren Parichnos-Strang-Steinkernen.

5. Reste wie gewisse Theile der *Dechenia Roemeriana*-Exemplare, bei denen die Parichnos-Strang-Steinkerne vollständig abgebrochen resp. garnicht erhalten sind, an denen sich aber die Ansatzstellen derselben als narbenförmige Querbrüche auf dem Stamm-Steinkern markiren. Dass diese Querbrüche in der That weiter nichts als die basalen Abgangsstellen der Parichnos-Stränge sein dürften, ergiebt sich schon aus der Original-Abbildung zu *Dechenia* bei ROEMER, die in ihrer oberen Hälfte noch die breit-kegelförmigen, imbricaten Basaltheile der Parichnos-Stränge erhalten zeigt; vergl. die nochmalige Abbildung dieses Restes in unserer Fig. 22.

6. Zwischenformen zwischen den unter 1—5 vermerkten Erhaltungs-Zuständen, wie z. B. *Knorria aciculari-acutifolia* u. a.

7. ist noch der calamitoide Erhaltungs-Zustand von *Knorria acicularis* zu erwähnen, der im Folgenden beschrieben wird.

Zum Schluss unserer Betrachtung über die Bothrodendraceen-Knorrien ist nämlich noch auf einen besonderen Erhaltungs-Zustand aufmerksam zu machen, der zu schwerwiegenden Verwechselungen Veranlassung gegeben hat. Ich meine also die calamitoiden Knorrien, die HEER von der Bäreninsel 1871 in der That für Calamiten (*Calamites radiatus*, nach unserer heutigen Nomenclatur *Asterocalamites scrobiculatus*) gehalten hat. Vgl. S. 1—2. Ich muss auf diesen Gegenstand eingehen, weil solche calamitoiden Reste, die aber gewiss zu der *Cyclostigma hercynium* gehören, auch mit dieser gelegentlich zusammen vorkommen, wofür unsere Fig. 21 ein Beispiel giebt. Schon NATHORST hat 1894 (namentlich S. 70—71) auf die irrthümliche Bestimmung Heer's aufmerksam gemacht und ebenfalls (Taf. XV, Fig. 1 und 2) einige calamitoide Knorrien von der Bäreninsel abgebildet. Da die Steinkerne der *Knorria*-Parichnos-Stränge oft in auffallenden Geradzeilen stehen, berührt oder bedeckt dann die Spitze eines jeden Stranges den Basaltheil des in derselben Reihe darüber befindlichen Stranges, so für den äusseren Anblick in den Erhaltungs-Zuständen mit demselben mehr oder

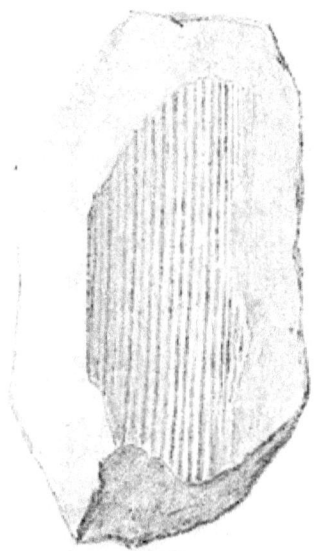

Fig. 21.
Calamitoide *Knorria acicularis*. Oderthal im Harz: Steinbruch unmittelbar nördlich der Mündung des Gr. Schaufenhauerthales (leg. H. Potonié. S. B.!).

minder verschmelzend, wodurch längsriefige Stücke zu Stande kommen, die dann freilich an Calamiten oder an schmalrippige rhytidolepe *Sigillaria*-Oberflächen erinnern. Bei aufmerksamer Betrachtung sind die so entstehenden Längs-Rippen und -Furchen aber doch nicht gut mit denen der *Asterocalamites*-Mark-Steinkerne zu verwechseln; man vergleiche nur unsere Fig. 21 mit den Fig. 46—51. Die Unregelmässigkeit der »Rippen« der calamitoiden Knorrien gegenüber der Regelmässigkeit derselben bei *Asterocalamites*, die sich namentlich darin äussert, dass im ersten Falle die Rippen in ihrem Längsverlauf hier und da mehr oder minder undeutlich werden und sich mehr als aus sehr langgezogenen Wülsten zusammengesetzt darstellen, lässt eine Verwechselung, nachdem einmal das Augenmerk auf die Möglichkeit einer solchen gerichtet ist, nicht gut zu. Bei manchen Resten sind die Unterbrechungen im Längsverlauf der »Rippen« und bei anderen die Querabbruchsstellen der Gipfel der Parichnos-Strang-Steinkerne dermaassen deutlich (wie an den citirten Figuren NATHORST's), dass man die HEER'schen Bestimmungen jetzt kaum noch verstehen kann. Querriefen fehlen den calamitoiden Knorrien selbstverständlich und man wird bei der Sachlage gut thun, calamitoide Reste unserer Schichten, die solche Querriefen nicht zweifellos zeigen und sonst durch ihre ganz regelmässige Rippenbildung die sichere Bestimmung als *Asterocalamites* erlauben, auch nicht einmal vermuthungsweise als *Asterocalamites* anzugeben. Unsere zweifellosen *Cyclostigma*-Reste Fig. 14 E und 25 C zeigen übrigens ebenfalls deutliche Hinneigung zu dem calamitoiden Erhaltungs-Zustand.

Wo Verzweigungen unserer Species vorliegen, sei es an Resten, die noch die *Cyclostigma*-Narben zeigen (Fig. 14 C, 15 C, 25 C), sei es an Resten im *Knorria*-Zustand, sind dieselben reine Gabeln (vergl. z. B. auch WEISS, 1885, Taf. V, Fig. 1 und 3). Ein grosses, über 60 cm langes Stück, das sich mit der Fundorts-Angabe Lauterberg (»Rothe Grauwacke«) in der S. Bk. C. (!) befindet und eine Oberflächen-Sculptur besitzt, die man kurz als *Knorria* locker-*imbricata* bis *acicularis* angeben kann, besitzt 3 Gabel-Etagen, die Schwester-Gabeläste an ihrem Grunde durch einen tiefen Schlitz getrennt, wie das weiter hinten für die gegabelten Lepidophyten-Reste aus dem Culm beschrieben worden ist. Die Schlitze unterhalb der Gabeln gewähren mit Rücksicht auf eine von mir auf Grund der Thatsachen aufgestellten Theorie, welche die fiederige (traubige und rispige) Verzweigung aus der echt dichotomen herzuleiten sucht (vergl. u. A. meine Abhandlung »Die Metamorphose der Pflanzen im Lichte palaeontologischer Thatsachen«, Berlin 1898), ein besonderes Interesse. Ich musste annehmen, dass die fiede-

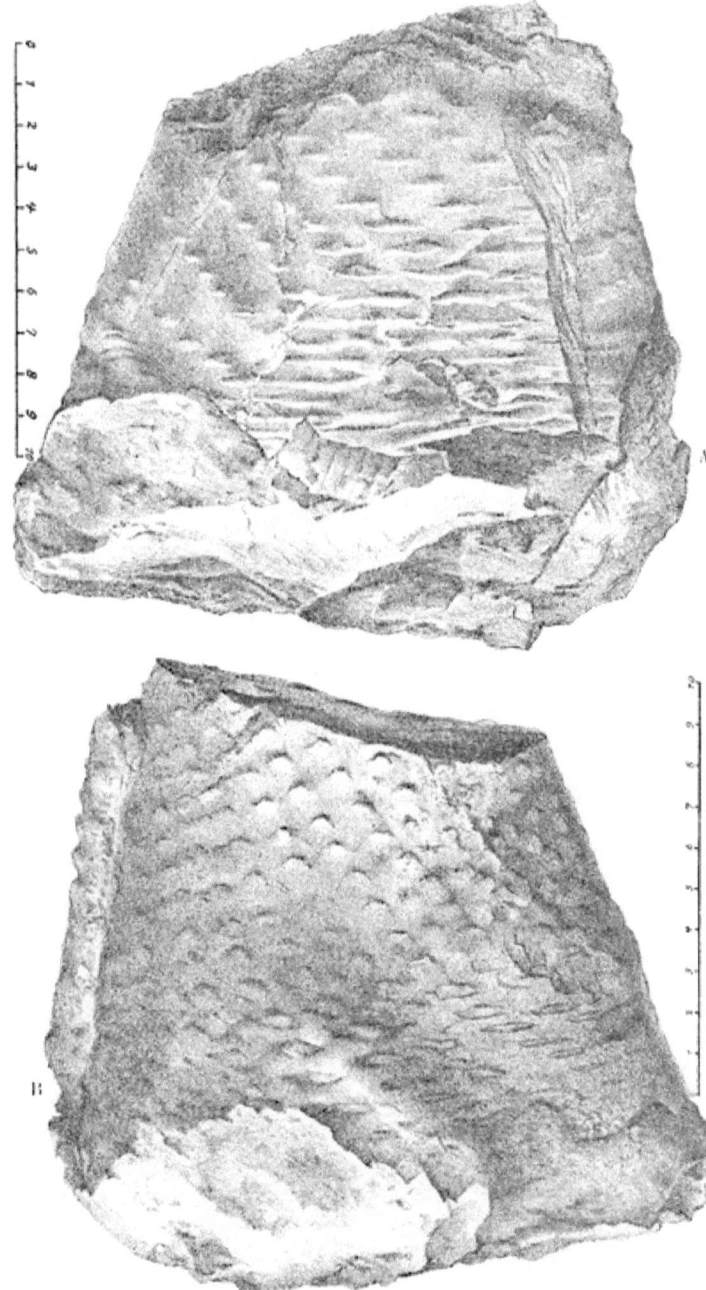

Fig. 22.
Knorria in dem als *Dechenia Roemeriana* beschriebenen Erhaltungszustand in ⅔ der natürl. Grösse. A und B dasselbe Stück von beiden Seiten gesehen. — Zoll bei Lauterberg am Harz. — (Original Roemer's, 1852, Taf. XIV, Fig. 1.) — (S. Bm. C.)

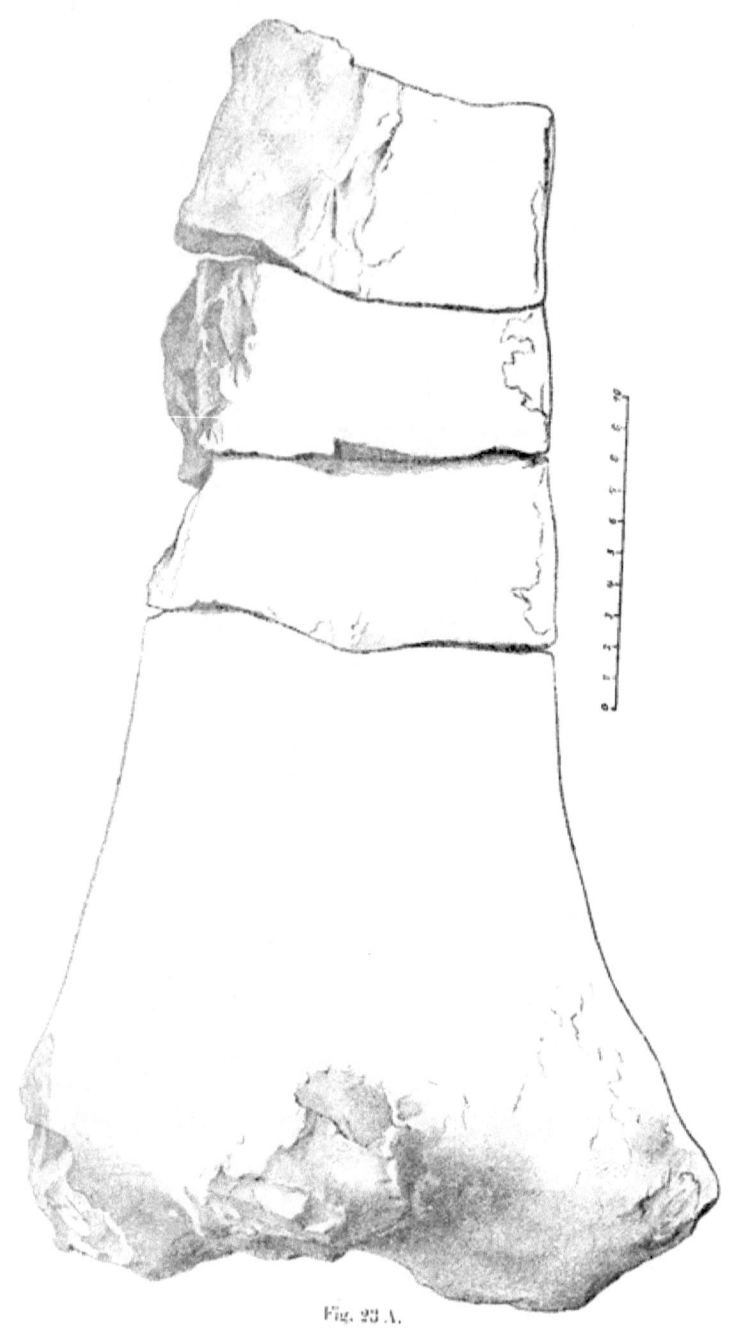

Fig. 23 A.

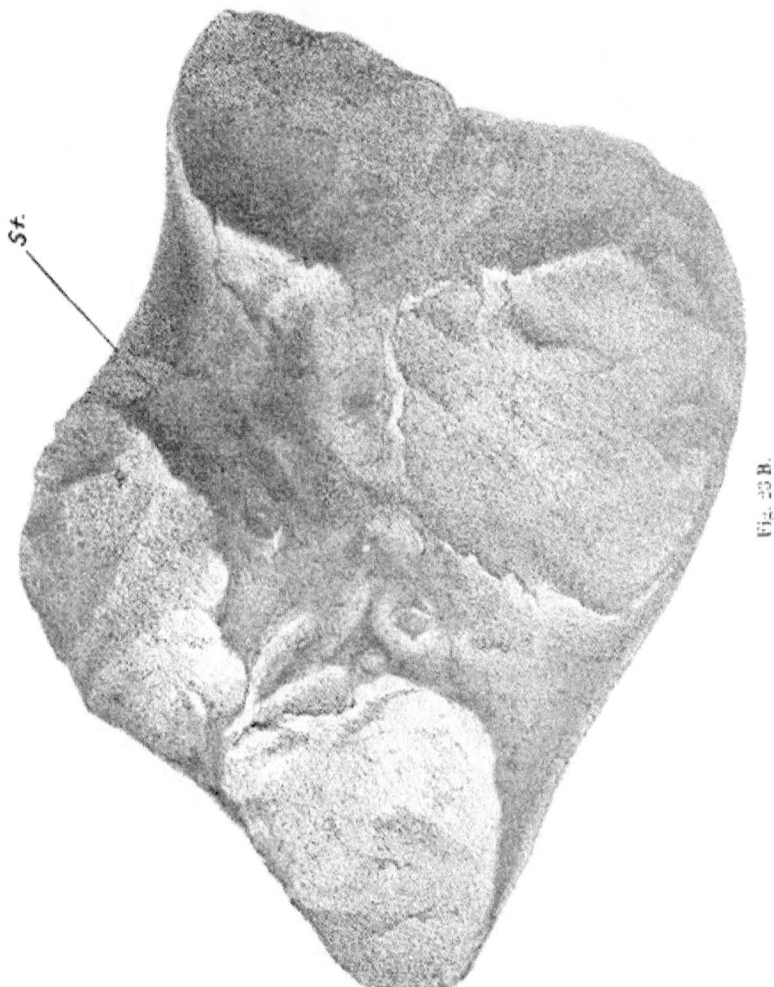

Fig. 23.
Dechenia Roemeriana-Erhaltungszustand von *Cyclostigma kiltorkense*. A das Stück in ¹/₂ der natürl. Grösse, B dasselbe in ¹/₁ von unten gesehen mit *Stigmaria*-Narben st. — Scharzfeld. (S. B.¹²)

rigen Verzweigungs-Arten im Verlaufe der Generationen aus der Gabel-Verzweigung durch Uebergipfelungen entstanden seien, und es muss daher bei dem Uebergang des einen (Gabel-) zum anderen (Fieder-)Verzweigungs-Modus auch gelegentlich ein Kampf zwischen den Tochter-Gabelzweigen angenommen werden, von denen der eine den anderen zu übergipfeln sucht, indem er sich die directe, geradlinige Fortsetzung des Muttersprosses zu gewinnen bemüht.

Eine Andeutung hierfür mag in den erwähnten Schlitzen gefunden werden, die eine zwar bereits eingeleitete Theilung des Muttersprosses in 2 Tochtersprosse kund thun, ohne dass die letzteren sich jedoch aus der von dem Mutterspross eingeschlagenen Richtung begeben hätten, wodurch eben die Neigung zum Ausdruck kommt, diese Richtung beizubehalten. Das ist natürlich nach der vollständigen Trennung der Tochterzweige dauernd nur dann möglich, wenn der eine dieser Zweige übergipfelt, d. h. bei Seite geworfen wird. Bei der Betrachtung der Lepidodendraceen des Culm weiter hinten werden wir sehen, dass dort in der That schon oft übergipfelte Seitensprosse zu beobachten sind.

Endlich sind noch die unterirdischen Organe von *Cyclostigma hercynium* zu besprechen, soweit sie sich an den Fig. 22, 23, 24, abgebildeten *Dechenia Roemeriana*-Exemplaren erkennen lassen. Wir sehen, dass sie durchaus den Habitus von *Stigmaria* haben. Von dem unten sich allmählig verbreiternden, dadurch hier kegelförmigen Stamm gehen nämlich basal, wie das gerade für *Stigmaria* im engeren Sinne (d. h. excl. *Stigmariopsis*) charakteristisch ist, vier »Rhizome« aus, was sich aus den Abbruchsstellen der beiden Exemplare Fig. 23 und 24 in aller wünschenswerthen Deutlichkeit ergiebt. Auch das Roemer'sche Exemplar, Fig. 22, zeigt diese Abbruchsstellen, jedoch weit undeutlicher. An den Stellen st in Fig. 23 scheinen sogar noch *Stigmaria*-Narben erhalten zu sein. Jedenfalls dürfte nach den Resten nicht daran zu zweifeln sein, dass *Cyclostigma hercynium* als unterirdische Organe *Stigmaria* besessen hat, womit die Vermuthung der Zugehörigkeit der einzelnen (»allochthonen«) Narben von *Stigmaria jicoides*, die sich hier und da in den silurischen Ablagerungen des Harzes finden, zu der *Cyclostigma* wesentlich bestärkt wird.

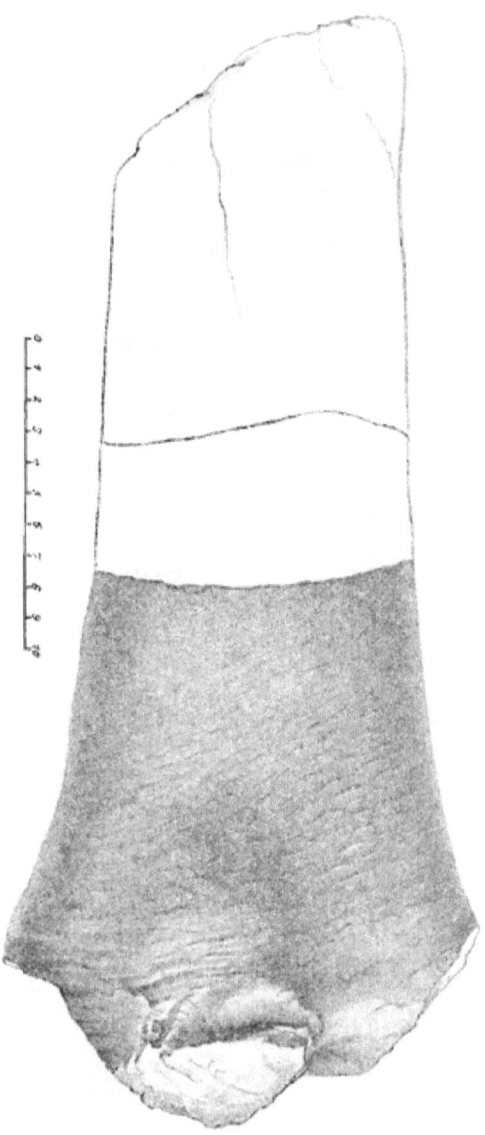

Fig. 24.
Dechenia Roemeriana-Zustand von *Cyclostigma hercynium* in ¹/₂ der natürl. Grösse.
Scharzfeld. — (S. B.¹⁹)

Vorkommen: Die Hauptfundpunkte der *Cyclostigma hercynium* sind die Pflanzenbank im Steinbruch des Oderthales, unmittelbar nördlich von der Einmündung der Grossen Schaufenhauerthales (!), ferner die Steinbrüche am Zoll zwischen Scharzfeld und Lauterberg (!). — Ausserdem haben sich in dem erwähnten Grauwacken-Zuge noch bestimmbare Pflanzen-Reste und zwar *Knorria acicularis* (S. B.!!) an den folgenden Punkten gefunden: 1. in zwei kleinen Steinbrüchen im Sperrlutterthale oberhalb der Haltestelle Sperrlutterthal bei Kilometer-Stein 5,5; 2. im Oderthale auf dem rechten Ufer der Oder, an der sogenannten Schunkelbrücke, etwa 1,5 km nördlich der Strassengabelung bei der Station Oderthal. Diese Fundstellen wurden von Herrn DENCKMANN Anfang der 80er Jahre gelegentlich des Baues der Eisenbahnstrecke Scharzfeld-Andreasberg aufgefunden und im Interesse der vorliegenden Arbeit Anfang Mai 1901 wieder aufgesucht, bei welcher Gelegenheit er die *Knorria*-Reste fand.

Grauwacken-Particeen in der Umgegend von Lindenberg und Strassberg.

Die in der Ueberschrift genannten Grauwacken-Particeen wurden von LOSSEN (1882, S. 8 ff.) als Einlagerungen im unteren Wieder Schiefer angesehen (vergl. vorn S. 5—6). Auf Grund der Pflanzen-Reste, die ich an den beiden unten von mir angegebenen Fundorten beobachtet habe, muss ich sie jedoch zu der silurischen Grauwacke stellen. Es fanden sich nämlich, namentlich in dem Steinbruch unmittelbar nördlich von Lindenberg Reste, die zu *Cyclostigma hercynium* gehören. Herr BEUSHAUSEN bestätigte mir denn auch, dass die in Rede stehenden Particeen sehr wahrscheinlich zu der echten Tanner Grauwacke, die eine Strecke nördlich von Lindenberg-Strassberg in einem mächtigen ostwestlich gerichteten Zuge ansteht, gehören dürften; die Deutung dieser mächtigen Grauwackenmassen als Einlagerungen sei nach den neueren Erfahrungen so gut wie ausgeschlossen.

Cyclostigma hercynium.
Fig. 25—27.

Neben gegabelten Stengel-Resten, die noch die Oberfläche

Grauwacken-Particen in der Umgegend von Lindenberg etc. 57

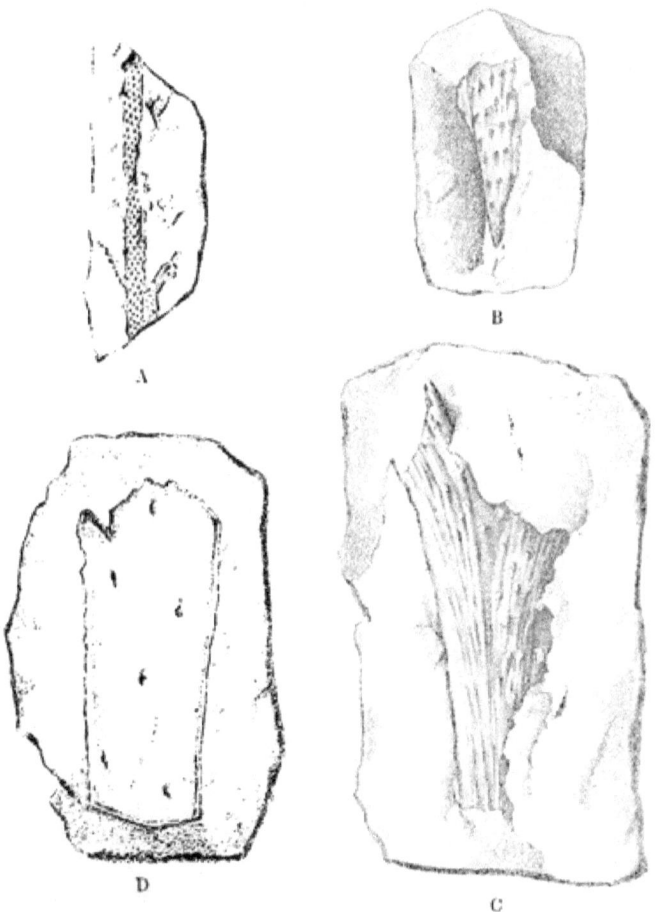

Fig. 25.

Cyclostigma hercynium. — A = ein ganz junges, fast lepidodendroides Zweigstück, B und C = dickere Zweioberflächen mit entfernteren Blattnarben, bei C gleichzeitig mit *Knorria*-Wülsten (*Knorria acicularis*). D = epidermaler Fetzen eines dicken Sprosses mit sehr entfernt stehenden Blattnarben. — Steinbruch am Lindenberge bei Lindenberg. (Leg. H. Poroso, im Aug. 1900. S. B.)

mit den charakteristischen kreisförmigen, kleinen Blattnarben zeigen, Fig. 25 C, fanden sich im Steinbruch unmittelbar nördlich Lindenberg Knorrien von dem Typus *Knorria acicularis*, Fig. 26, alles ununterscheidbar von den Resten an dem Fundpunkt im Oderthal, die vorausgehend in den Fig. 14 und folgenden zur Darstellung gelangt sind. Besonders wichtig ist das Stück Fig. 25 C, das neben *Cyclostigma*-Narben den *Knorria acicularis*-Erhaltungszustand aufweist. Neben den Resten, die noch *Cyclostigma*-Narben

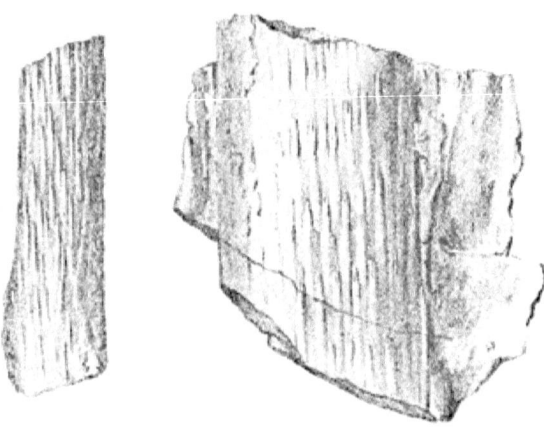

Fig. 26.

Knorria acicularis (von *Cyclostigma hercynium*) in der üblichen Erhaltung. — Steinbruch am Lindenberge bei Lindenberg an der Selke (leg. H. Potonié, Aug. 1900. S. B.!?)

zeigen, kommen wie im Oderthal schwache, also gewiss als jugendliche Zweige von *Cyclostigma* zu deutende und genau wie die im Oderthal lepidodendroid gefelderte Stengel-Reste vor und die Knorrien sind in ihren Erhaltungs-Zuständen durchaus zum Verwechseln ähnlich denen aus dem Oderthal: es kommen ausser dem *Dechenia Roemeriana*-Zustand solche vor, die zu den vom S. 47 und 48 erwähnten Typen gehören. Ein Paar *Knorria*-Reste müssen ihres Erhaltungs-Zustandes wegen noch einer besonderen Betrachtung unterworfen werden; wir haben auf dieselben schon

S. 44 Bezug genommen. Unsere Fig. 27 veranschaulicht dieselben. Zu dem bereits über diese Stücke vorn Gesagten ist noch das Folgende nachzutragen.

Die in Rede stehenden Strassberger Stücke, Fig. 27, zeigen uns die Steinkerne der Parichnos-Stränge (»*Knorria*-Wülste«) in besonderer Länge erhalten: wir können sie weit nach abwärts verfolgen. Bemerkenswerth ist, dass sie sich in zwei deutlich geschiedene Theile gliedern: in einen basalen (proximalen) breiten, kürzeren Theil, der sich ziemlich plötzlich zu einem langen, linealen

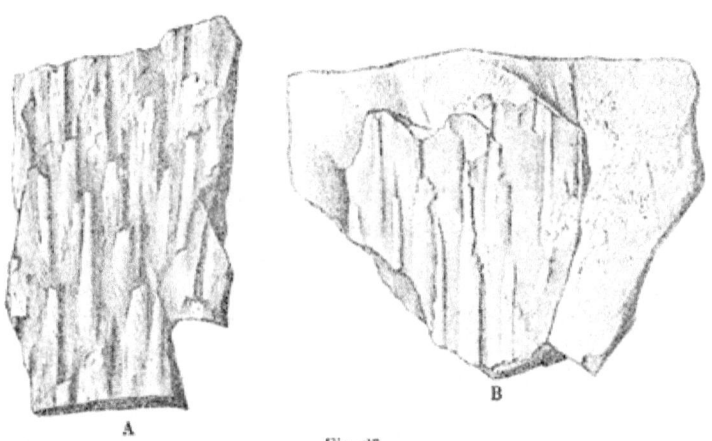

Fig. 27.

Knorria acicularis. Exemplare, bei denen die imbricaten Basaltheile der Parichnos-Strang-Steinkerne erhalten sind: also *Knorria confluens*-Zustand. — A Steinbruch 10 Minuten westlich von Strassberg. B Steinbruch am Lindenberge bei Lindenberg. — (Leg. H. Potonié, Aug. 1900. S. B.!)

(distalen) Theil verschmälert, ganz von der Form der echten »*Acicularis*«-Wülste. Die breiten Theile der Parichnos-Stränge geben, da sie dicht aneinander grenzen, dadurch durchaus den Charakter von *K. imbricata* ab, und man hat in der That eine »*K. imbricata*« vor sich, wenn die naturgemäss leicht abbrechenden schmäleren Theile an den Exemplaren verloren gegangen sind. Geht der Abbruch so weit, dass von den »Wülsten« auf dem

Stamm-Steinkern kaum noch etwas oder nichts mehr vorhanden ist, so hätten wir einen Erhaltungs-Zustand, der wie die untere Hälfte des *Dechenia Roemeriana*-Exemplares aussehen muss und diese »Art« dürfte denn auch (vergl. S. 46) ein solcher Erhaltungs-Zustand sein. Sind an den Resten die unteren, breiten Theile der Parichnos - Stränge nicht als Steinkerne oder Halbreliefs erhalten, sondern treten auf den Stamm-Steinkernen nur die oberen, schmäleren Theile in die Erscheinung, so haben wir das, was man als eine typische *K. acicularis* bezeichnen würde.

Eine Verwechselung der Bothrodendraceen - Knorrien oder specieller der Knorrien unserer *Cyclostigma hercynium*, sofern diese im *K. imbricata*-Zustand vorliegen, mit dem *K. imbricata*-Zustand der Lepidodendraceen wäre nach dem Gesagten allenfalls nur dann möglich, wenn die schmalen Gipfelstücke der Parichnos-Stränge sämmtlich abgebrochen sind; jedoch ist eine Verwechselung nur dann zu befürchten, wenn man nur auf den Hauptcharakter der *Knorria imbricata* achtet, der durch den Species-Namen »*imbricata*« zum Ausdruck kommt, nämlich auf die Thatsache der ganz engen und womöglich imbricaten Stellung und Lagerung der Parichnos-Stränge. Die Unterschiede des *Imbricata*-Typus der Lepidodendraceen von denjenigen der Bothrodendraceen ergeben sich aus dem Vergleich der Figuren zu *Cyclostigma* mit denjenigen, die weiter hinten beim Culm zu *Lepidodendron* geboten werden.

Nun sind mir freilich einige *Knorria*-Reste mit breiten, proximalen Theilen der Parichnos-Steinkerne und sich plötzlich davon absetzenden schmäleren, distalen Theilen auch aus dem productiven Carbon (z. B. von Gersweiler im Steinkohlen-Revier an der Saar, S. B.!!) bekannt. Es ist aber zu berücksichtigen, dass Bothrodendraceen bis zum oberen productiven Carbon (hier bis jetzt nur in einer Species vorhanden) vorkommen, sodass diese Knorrien recht gut ebenfalls zu Bothrodendraceen gehören könnten, da, soweit die Zugehörigkeit von Knorrien zu Lepidodendraceen bis jetzt sicher constatirt werden konnte, die Parichnos-Stränge sich nirgends plötzlich verschmälert mit aufgesetzter Spitze zeigten, sondern sich von unten ab durchweg ganz allmählich bis zum Gipfel verschmälern; sie sind mit anderen Worten durchaus keilförmig, von der Form eines gestreckten Zuckerhutes, während die schmalen Gipfel-Theile bei den Bothrodendraceen, wie schon gesagt, mehr der linealen Gestalt zuneigen. Die in Rede stehenden Stränge sind bei den Lepidodendraceen auch in ihrem oberen, also nicht von einem unteren abgegrenzten Theil dicker als die der Bothrodendraceen; wo diese den *Imbricata*-Typus aufweisen, d. h. an Resten, bei denen also nur die unteren Theile der Parichnos-Steinkerne erhalten sind, handelt es sich, wie der obere Theil des *Dechenia Roemeriana*-Exemplares sehr charakteristisch zeigt, um kurze und verhältnissmässig breite »Wülste«, bei denen die Abbruchsstelle oben stets markirt ist.

Vorkommen: Steinbruch am Lindenberg unmittelbar nördlich des Ortes Lindenberg bei Strassberg a. d. Selke (!) und ein Bruch 10 Minuten westlich von Strassberg (!).

Plattenschiefer des Harzes.

GÖPPERT giebt (in ROEMER, 1852, S. 96) aus dem Plattenbruch bei Mägdesprung einen Rest, *Sagenaria Bischofii*, an. Es handelt sich aber sicher um eine Fundorts-Verwechselung, denn das Stück ist *Pleuromoia Sternbergii* und stammt gewiss aus dem Oberen Buntsandstein des Bernburgischen[1]).

ROEMER schreibt l. c.: »Es hat sich diese schöne und eigenthümliche Form im Plattenbruche bei Mägdesprung gefunden und liegt das Original in der Sammlung des dortigen Herrn Hüttenmeisters BISCHOF«. BISCHOF selbst hat gute Materialien des in Rede stehenden Petrefactes aus dem Oberen Buntsandstein des Bernburgischen besessen, wie aus seiner Arbeit: »Beitrag zur Kenntniss der Pleuromoia, Corda, aus den oberen Schichten des bunten Sandsteins zu Bernburg« (Mägdesprung 1855, gedruckt zu Quedlinburg) und aus der früher in der Zeitschrift für die gesammten Naturwissenschaften (Jahrgang 1853, 1. Bd., Taf. VIII, Halle 1853) veröffentlichten Tafel (als Text ist die Arbeit von

---

[1]) Ueber die Pleuromoiaceen (*Pleuromeia*) habe ich eine Zusammenfassung in ENGLER's natürlichen Pflanzenfamilien I, 4, S. 754—756 geboten.

1855 anzusehen) hervorgeht; BISCHOF wohnte in Mägdesprung: die Verwechselung liegt also klar auf der Hand. Wie GÖPPERT, 1859, S. 526 für *Sagenaria Bischofii* in Widerspruch mit ROEMER den Fundort »jüngste Grauwacke in Lonau bei Herzberg« angeben konnte, geht aus der Literatur nicht hervor, zeigt aber, dass mit unserem Fossil mannigfache Irrthümer vorgekommen sind. Auch GOEPPERT fügt als den Besitzer resp. Sammler des Objectes ausdrücklich hinzu »Hüttenmeister BISCHOF zu Mägdesprung«.

LOSSEN giebt (1882, S. 5) an: »Im Plattenbruche zu Mägdesprung sind schlecht erhaltene Pflanzen-Versteinerungen gefunden worden, Lepidophyten-Reste, wie sie auch anderen älteren Grauwacken des Harzes nicht fehlen, und andere, nicht näher bestimmbare Abdrücke«. Was davon in der S. B.[1] vorhanden ist, ist gänzlich unbestimmbares, kleines Häckselmaterial und mit den Lepidophyten-Resten meint LOSSEN vielleicht die oben erledigte »*Sagenaria Bischofii*«.

Ich selbst und Andere haben bei mehreren Besuchen des Plattenbruches 1899 und 1900 keine Pflanzen-Reste aufzufinden vermocht.

Der Vollständigkeit halber muss noch erwähnt werden, dass sich in dem Plattenschiefer zu Mägdesprung etc. und dem an der NW.-Seite des Bruchberg-Ackers, nämlich im Gr. Ifenthal, in der Rauhen Schacht etc. Reste von *Dictyodora* WEISS gefunden haben (vergl. E. ZIMMERMANN, 1889, S. 166—167 und L. BEUSHAUSEN u. M. KOCH, Jahrbuch f. 1898, S. XXX). Da es sich in dem genannten Rest um ein vollständiges Problematicum handelt, das von Herrn ERNST ZIMMERMANN (1889—1893) ganz eingehend beschrieben worden ist, sei hier nur daran erinnert, dass dasselbe im Allgemeinen für Culm-Schichten charakteristisch sein soll. Im Harzer Culm habe ich *Dictyodora* ebenfalls gefunden (vergl. S. 158).

Ilsenburg-Bruchberg-Quarzit des Harzes.

Bruchberg.

Auf Grund einer älteren Beobachtung des Herrn M. KOCH, der Pflanzen-Reste im Quarzit des Ackers beobachtet hatte, machte er mit mir 1900 eine Excursion, um den Versuch zu machen, bestimmbare Reste zu finden. Der eine Fundpunkt liegt am Gr. Breitenberg und zwar am Eingang zum Gr. Mollenthal, neuer Fahrweg nordwestlich Hanskühnenburg. In sandig-schiefrigen, glimmerigen Lagen im Quarzit fand sich hier feiner Häcksel mit *Stigmaria*-Narben. Reste fehlten wiederum in den rein thonigen, feinen Lagen. Genau dasselbe Vorkommen mit allochthonen *Stigmaria*-Narben findet sich am zweiten Fundpunkt, am Quellarm des Kl. Mollenthals bei Riefensbeek. — In diesem Falle ist also eine Zuweisung der Flora zu der Bothrodendraceen-Zone leider nicht gelungen.

Ilsenburg.

Es liegen mir aus dem Quarzit bei Ilsenburg nur wenige Reste vor: 1. die schöne *Knorria acicularis* Fig. 28, auf die schon

Fig. 28.
Knorria acicularis aus dem Quarzit des Kienberges bei Ilsenburg im Harz (Bergrath WEBER ded. S. B.!).

S. 37 Bezug genommen wurde, und 2. fand Herr MAX KOCH mit mir bei einer Excursion nach dem Kienberge bei Ilsenburg, also an demselben Fundpunkt, woher die *Knorria* stammt, einige einzelne (allochthone) *Stigmaria*-Narben. Dass die *K. acicularis* bei ihrer typischen Ausbildung eine solche einer Bothrodendracee sein dürfte, ist nicht anzuzweifeln. Am Fusse des Bauerberges bei Ilsenburg sind nach JASCHE (siehe auch LOSSEN, 1877, S. 623) ebenfalls Pflanzen-Reste »in einem aus Grauwacke und Kiesel-Schiefer bestehenden Gesteine vorgekommen, in einer am Fusse des Bauerberges und zwar am nordwestlichen, dem Eckerthale zufallenden Abhange getriebenen Rösche«. In der Sammlung zu Wernigerode fand ich nur unbestimmbaren Häcksel und Herr Koch und ich haben bei einem Besuch des Fundpunktes keinen Erfolg gehabt.

Elbgebiet bei Gommern westlich Magdeburg.
(Quarzit-Steinbrüche.)

Das Gestein der Gommerner Steinbrüche entspricht nach Herrn A. DENCKMANN (vergl. S. 15) dem Wüstegarten-Quarzit des Kellerwaldes, beziehungsweise nach Herrn M. KOCH dem Ilsenburg-Bruchberg-Quarzit des Oberharzes und ist wahrscheinlich stratigraphisch hiermit identisch, nimmt also im Silur seinen Platz im Hangenden der Urfer Schichten ein. (Vergl. DENCKMANN, 1899, S. 291—292, Anmerkung 2, Berlin 1901. Ferner DENCKMANN und POTONIÉ, 1900/1901, S. XCIV.)

Bestimmte Pflanzen-Reste sind von den Gommerner Steinbrüchen bisher in der Literatur nicht erwähnt worden, abgesehen von der Notiz in meinem Lehrbuch d. Pflanzenpal. 1899, S. 363. Einiges Wenige ist durch Excursionen der Herren DENCKMANN, KOCH, MERTENS und durch mich selbst aufgefunden worden, das sich mehr oder minder genau bestimmen liess. Das Muttergestein der als unbestimmbarer Häcksel gar nicht seltenen Pflanzen-Reste ist ein den Quarzitbänken zwischengelagerter, dunkler, milder Grauwacken-Schiefer bis Thonschiefer, der auf den Schichtflächen grosse Glimmerblättchen zeigt, oder (im SCHRÖDER'schen Steinbruch unmittelbar südwestlich von Gommern) eine derbe, dunkle Grauwacke, die in dünnen Bänken den Schiefern eingelagert ist.

Bei der ausserordentlichen Seltenheit bestimmbarer Pflanzen-Reste, unter denen sich überdies nichts Ausschlaggebendes befindet, ist die Feststellung des Niveaus der Gommerner Quarzite mit Hülfe der Pflanzen-Fossilien bis jetzt nicht zu lösen. Immerhin ist es bemerkenswerth, dass sich paläobotanisch die westlich Magdeburg gelegenen, als Culm erkannten Steinbrüche dadurch unterscheiden, dass im W. das zu erwähnende *Sphenopteridium* ganz fehlt und dass andererseits in den Quarzit - Steinbrüchen des O. die Culm-Pflanzen des westlichen Vorkommens nicht beobachtet sind, vielleicht mit Ausnahme einiger zweifelhafter Fetzen, die hierunter als »*? Asterocalamites scrobiculatus*« aufgeführt sind.

Sphenopteridium sp.
Fig. 29 und 30.

Die Fig. 29 und 30 abgebildeten Farn-Wedel-Fetzchen gehören, wie die Form der Fiedern letzter Ordnung und ihre Aderung ergeben, zur Gattung *Sphenopteridium* SCHIMPER. Es ist dabei darauf hinzuweisen, dass spreitige Farn-Fieder-Reste weder aus dem Bothrodendraceen-Horizont des Harzes, noch aus unseren sicheren Culm-Revieren vorliegen, jedoch solche Reste, die ebenfalls zu den Archaeopteriden gehören, z. B. aus dem silurischen Platten-Schiefer (nach Herrn DENCKMANN identisch den Platten - Schiefern seiner Urfer Schichten des Kellerwaldes) bei Sinn und Bicken in der Provinz Hessen-Nassau bekannt sind. — Am ähnlichsten ist das Gommerner *Sphenopteridium* dem *Sph. furcillatum* (LUDWIG erweitert) POT. von Sinn (vergl. S. 19 und Fig. 3 und 4), jedoch sind die Fiedern letzter Ordnung unserer Gommerner Species weit schmaler als die Lappen derjenigen von Sinn; andererseits sind sie aber breiter, als die Fiedern letzter Ordnung resp. Lappen des *Sphenopteridium rigidum* (LUDWIG erw.) POT. der silurischen Platten-Schiefer von Bicken (vergl. S. 16, Fig. 2), einer Art, die sich sogar durch die Schmalheit der Theile sehr *Rhodea* annähert.

Bevor nicht bessere, vor Allem grössere Reste von Gommern vorliegen, ist es gerathen, sich einer specifischen Bestimmung unserer *Sphenopteridium*-Art zu enthalten. Im Culm kommen sehr ähnliche Reste vor: es sei — um nur ein Beispiel zu erwähnen — an das von SCHIMPER (1862, Taf. 27, Fig. 10 u. 11) als *Cyclopteris Collombiana* beschriebene und abgebildete *Sphenopteridium* erinnert. Das bekannteste *Sphenopteridium* des Culm, *Sphen. dissectum* (GÖPP.) SCHIMPER, ist durch breitere Fiedern letzter Ordnung von der Gommerner Species verschieden (vergl. z. B. die Fig. 119 in meinem Lehrbuch, 1899, S. 131).

Vorkommen: Steinbruchshalden an den Plötzkyer Bergen links vom Wege von Pretzien nach Gommern (S. B.¹! leg. M.

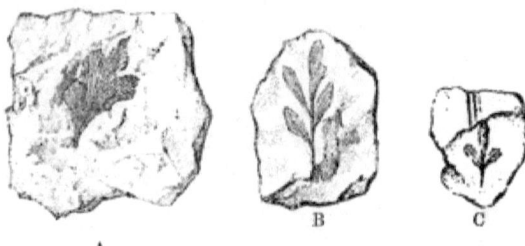

Fig. 29.

Sphenopteridium sp. — Plötzkyer Berge bei Gommern an der Elbe. — (A leg. M. Koch, 1898: B und C leg. Denckmann und Potonié. 10. April 1901. S. B.¹!)

Fig. 30.

Sphenopteridium sp. — Steinbruch südwestlich des Dorfes Danningkow bei Gommern im Elbgebiet (leg. Denckmann und Potonié, 11. April 1901. S. B.¹!).

Koch, A. Denckmann, A. Mertens, Matz und H. Potonié). — Steinbruch südwestlich des Dorfes Danningkow südlich der Bahn Magdeburg-Kalbe (S. B.¹! leg. A. Denckmann und H. Potonié).

Asterocalamites-ähnliche Reste.
Fig. 31 und 33.

Die Fig. 31 und 32 abgebildeten geringfügigen Reste machen sehr den Eindruck von Oberflächen-Sculpturen der Markhöhlungs-Steinkerne von *Asterocalamites scrobiculatus* und würden wohl kaum anders, d. h. ohne »?« so bestimmt werden, wenn diese Species sonst in den Gommerner Schichten sicher vorkäme und nicht überdies aus den S. 93 Anmerkung angegebenen Gründen die grösste

Vorsicht am Platze wäre, wonach es sehr zweifelhaft geworden ist, ob *A. scrobiculatus* überhaupt in zweifellosen Stücken aus Schichten in Europa bekannt geworden sind, die älter als Culm

Fig. 31.
Sehr ähnlich *Asterocalamites*. — Schröder'scher Steinbruch unmittelbar südwestlich von Gommern (leg. A. Mertens, VIII. 1900. S. B.!).

sind. An dem vorliegenden Fetzen, Fig. 31, ist sogar etwas wie eine Nodiallinie zu bemerken, und wir werden weiter hinten S. 93 sehen, dass auf die Konstatirung einer solchen sehr viel ankommt, um nicht einer falschen Bestimmung zu unterliegen.

Fig. 32.
Calamitoider Fetzen von der Halde der Plötzkyer Berge bei Gommern im Elbgebiet. — (Leg. H. Potonié, 10. April 1901. S. B.!)

Vorkommen: Schröder'scher Steinbruch unmittelbar südwestlich von Gommern (leg. A. Mertens). — Steinbruchshalden an den Plötzkyer Bergen links vom Wege von Pretzien nach Gommern (leg. H. Potonié).

Aspidiopsis.
Fig. 33.

Der Fig. 33 abgebildete Rest ist der Abdruck eines ziemlich dick-kohlig erhaltenen Rindentheiles, der durchaus die *Aspidiopsis*-Sculptur aufweist. Wahrscheinlich haben wir es demnach in unserem Abdruck mit der Sculptur der Holzoberfläche eines Stammes zu thun. Danach müsste unter der kohligen Rinde der Abdruck der Aussenfläche des Stammes mit seinen Narben zum Vorschein kommen. Die partielle Wegnahme ergab aber einen unbestimmbar schlecht erhaltenen Abdruck der anderen Rinden-Seite, sodass nicht angegeben werden kann, zu welcher Gattung der Lepidophyten — offenbar handelt es sich bei dem Vorkommen von

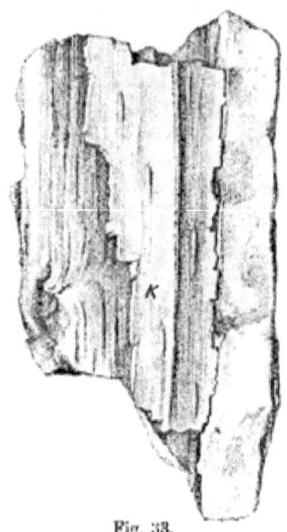

Fig. 33.

Aspidiopsis, k = kohlige Rinde. — Gommerner Elbgebiet: Steinbruch südwestlich des Dorfes Danningkow. — (Leg. H. Potonié, 11. April 1901. S. B.¹⁹).

Stigmaria, vergl. Seite 69, um den Rest eines solchen — das Rinden-Stück gehört. Die weite Entfernung der *Aspidiopsis*-Spindel-Wülste, beziehungsweise auf unserem Abdruck der spindelförmigen Vertiefungen und die Kleinheit derselben in Verbindung mit der Thatsache, dass der *Aspidiopsis*-Erhaltungs-Zustand bei Bothrodendraceen bekannt ist (vergl. z. B. mein Lehrbuch, 1899, S. 243), lässt die Möglichkeit offen, dass unser Rest zu einer Species dieser Familie gehören könnte.

Vorkommen: Steinbruch südwestlich des Dorfes Danningkow, südlich der Bahn Magdeburg-Kalbe (leg. A. DENCKMANN und H. POTONIÉ).

Stigmaria.

Einzelne (allochthone) *Stigmaria*-Narben und Gewebefetzen von *St. ficoides*, die sich häufiger fanden, vermögen irgend einen Ausschlag für die Horizontirung ebenfalls nicht abzugeben. Es ergiebt sich aber aus dem Vorkommen von *Stigmaria*, dass die Gommerner Florula Lepidophyten birgt.

Fundorte an allen vorher angegebenen Punkten des Gommerner Reviers!

Devon.

Aus der Devon-Formation und zwar dem Unter-Devon liegen mir aus unseren Gebieten Reste aus dem Kellerwalde und dem Harz vor.

Kellerwald.

Die Fig. 34 abgebildeten Reste von Stengel-Abdrücken, die zusammen mit Meeresthieren auftreten, können kaum für andere als solche von Bothrodendraceen angesehen werden; ob es sich um die Gattung *Bothrodendron* handelt, oder ob dieselben vorläufig

Fig. 34.

a = *Bothrodendraceen*-Zweig-Reste, b = calamitoid-cordaïtoider Fetzen. — Feinkörnige Einlagerung in unterdevonischer kalkiger Grauwacke am Erbsloch bei Densberg. — (Leg. DENCKMANN, 1896, S. B.¹²)

wie die vorn S. 32 ff. beschriebenen Reste aus dem Silur des Harzes bei *Cyclostigma* unterzubringen sind, ist freilich bei der schlechten Erhaltung nicht auszumachen. Ein Vergleich der Fig. 34a mit den Fig. 14, 15 und 25, welche die Harzer Reste veranschaulichen, wird schnell die Berechtigung erweisen, die Kellerwald-Reste vermuthungsweise für Bothrodendraceen zu halten. Die sehr kleinen Blattnarben auf der sonst »leiodermen« Stengel-Oberfläche sind ja Charakteristica für die Bothrodendraceen-Natur.

Vorkommen: Kieselgallen-Einlagerungen in der hercynischunterdevonischen kalkigen Grauwacke des Erbsloches bei Densberg (leg. A. DENCKMANN, 1896. S. B.!!).

Harz.

Aus dem Spiriferen-Sandstein (Kahleberg-Sandstein) des Harzes hat schon ROEMER Pflanzen-Reste angegeben. In der folgenden Liste gebe ich eine Uebersicht derselben.

Artnamen	Fundorte	Kritische Bemerkungen
Asterophyllites Roemeri Görr. in ROEM., 1843, S. 1 und Görr., 1852, S. 134.	Helle, dichte Sandsteine des Steinbruchs oben am Rammelsberg bei Goslar (also Kahleberg-Sandstein: Oberes Unter-Devon).	Nach einem mir vorliegenden Rest (S. Bm. C.) eine *Annularia*.
Fucus Nessigii ROEMER, 1843, S. 1. Taf. I. Fig. 2.	Untere, dunklere Schicht des Grauwacken-Sandsteins oben am Rammelsberg (also Kahleberg-Sandstein).	Ein zweifelhafter Rest, der eventuell ein solcher einer Alge sein könnte.
Sphaerococcites antiquus ROEMER, 1850, S. 44, Taf. VII, Fig. 1.	Feinkörniger Sandstein der älteren Grauwacke im unteren Gosethal bei Goslar (Kahleberg-Sandstein).	Zugehörigkeit ganz zweifelhaft. Von ähnlichen, an anderen Orten beschriebenen Resten sei auf diejenigen aufmerksam gemacht, die NATHORST als *Psilophyton*-ähnliche Reste (1894, Taf. I, namentlich Fig. 1) aus dem Devon Spitzbergens bekannt giebt.

Wie man sieht, ist vor der Hand mit den pflanzlichen Devon-Resten des Harzes nichts anzufangen. Auch Material mit fossilem Häcksel von den Fundpunkten Kahleberg-Sandstein vom Kahleberge beim Auerhahn und des Rammelsberges bei Goslar, das ich dem Mineralien-Händler Herrn ARMISTER in Goslar verdanke,

Fig. 35.
Annularia sp. (= *Asterophyllites Roemeri* Görr.). — Kahleberg-Sandstein (Devon) bei Goslar. — (S. Bm. C.?)

ergab leider nichts Bestimmbares. Unter den Stücken vom Rammelsberge war eines mit einem Rest, der dem »*Fucus Nessigii*« gleicht. Die so bezeichneten Reste sind nach Herrn BEUSHAUSEN im Kahlebergsandstein überhaupt nicht selten; ich selbst konnte mich auch davon überzeugen. Die als *Asterophyllites Roemeri* beschriebenen Reste, von denen Fig. 35 eine Anschauung giebt, ähneln am meisten den unter den Namen *Annularia ramosa* bis *radiata* bekannten Resten des productiven Carbon.

Culm.

Oberharzer und Magdeburger Culm-Gebiet.

Die Horizonte des Culm haben geliefert und zwar die

3. Culm-Grauwacke viele, der
2. Posidonienschiefer und der
1. Kieselschiefer nur spärliche Pflanzenreste.

Die in der Literatur aus den Culm-Schichten des Harzes und des Magdeburgischen von den Autoren angegebenen »Arten« sind in alphabetischer Ordnung die folgenden; ich füge gleich wieder kurze kritische Bemerkungen, beziehentlich meine Bestimmungen hinzu, über die dann in der darauffolgenden systematischen Vorführung der Reste das Nöthige gesagt ist.

Artnamen bei den früheren Autoren.	Fundorte	Kritische Bemerkungen
Anarthrocanna approximata Görr. in Roem., 1850, S. 45 und Görr., 1852, S. 129.	Posidonienschiefer bei Lautenthal.	= *Asterocalamites scrobiculatus*![1])
Aspidiaria attenuata Görr. in Roem., 1853, S. 2.	Grauwacke des Clausthaler Pochthales.	= *Lepidodendron tylodendroides?* im *Knorria*- und *Bergeria*-Erhaltungszustand.
Bornia scrobiculata u. *transitionis* der Autoren.	Häufig im Culm des Harzes und des Magdeburgischen.	= *Asterocalamites scrobiculatus*.
Calamites cannaeformis von Schloth. bei Roem., 1843, S. 2.	Grauwacke des Pochthales bei Clausthal.	= *Asterocalamites scrobiculatus* mit kurzen Internodien und Malen auf den Nodiallinien.
Calamites dilatatus Görr. 1851, S. 190 und 1852, S. 119.	Buntenbock im Harz.	Fetzchen von *Calamites*, vielleicht auch von *Asterocalamites* oder *Sphenophyllum*.
Calamites distans Sternberg? und *C. distans?* Görr. bei Roem., 1843, S. 2 und 1850, S. 44.	Grauwacke bei Clausthal und Posidonienschiefer des Harzes.	= *Asterocalamites?* (S. Bm. C.?)

[1]) Die meisten der in dieser Liste aufgeführten Reste, die sich zum grössten Theil in der S. Bm. C. befinden, habe ich in Händen gehabt, auch wo kein ! diese Thatsache im Einzelnen hervorhebt.

Artnamen bei den früheren Autoren	Fundorte	Kritische Bemerkungen
Calamites Goepperti Roem., 1850, S. 45.	Jüngere Grauwacke auf dem Rosenhöfer Gangzuge bei Clausthal.	= *Calamites* vom Typus des *C. Suckowi*.
Calamites? planicosta Roem., 1850, S. 44.	Posidonienschiefer bei Lautenthal.	Ganz zweifelhafter Rest (Hautgewebe?).
Calamites remotissimus Andrae, 1851 (non Goepp. 1847, S. 68 und 1852, S. 116).	Culm von Magdeburg.	= langinternodische, dünne *Asterocalamites scrobiculatus*-Steinkerne.
Calamites Roemeri Görr. in Roem., 1850, S. 45 und Görr., 1852, S. 118.	Jüngere Grauwacke im Innerstethal und bei Grund im Harz.	Nach der Figur Roemer's *Calamites* vom Typus *Suckowi* bis *acutecostatus*, nach dem Original (?) (S. Bm. C.) *Asterocalamites scrobiculatus*.
Calamites transitionis der Autoren.	Häufig im Culm des Harzes und des Magdeburgischen.	= *Asterocalamites scrobiculatus*.
Calamites tuberculatus Andrae, 1851 und wohl auch Görr., 1852, S. 128.	Häufig im Culm des Harzes und des Magdeburgischen.	= *Asterocalamites scrobiculatus* mit kurzen Internodien und Malen auf den Nodiallinien.
Chondrites tenellus Roem., 1866, S. 32.		Synonym zu *Fucus tenellus*.
»*Folium?*« Roem., 1850, S. 46.	Posidonienschiefer des Innerstethales und P. bei Lautenthal.	Ganz unklare Reste. Der eine (?) sieht aus wie ein schlechter *Cordaites*-Blatt-Fetzen, der andere (?) wie ein Stück eines sogen. *Sigillaria*-Blattes.
Fucus tenellus Roem., 1843, S. 1.	Posidonienschiefer oberhalb Schulenberg.	Kann sehr wohl eine Alge sein!
Knorria cylindrica Roem., 1850, S. 47.	Jüngere Grauwacke bei Grund.	Kleines *Bergeria*- und *Knorria*-Stück.
Knorria fusiformis Roem., 1850, S. 47.	Jüngere Grauwacke bei Clausthal.	= *Lepidodendron tylodendroides* im *Bergeria*-*Knorria*-Zustand.
Knorria imbricata Sternb., 1825, S. XXXVII.	Grauwacke von Magdeburg.	= *Lepidodendron tylodendroides* im *Knorria*-Zustand.
Knorria Jugleri Roem., 1843, S. 2.	In der Grube Dorothea bei Clausthal.	= *Lepidodendron tylodendroides?* im *Bergeria*-*Knorria*-Zustand.

Artnamen bei den früheren Autoren	Fundorte	Kritische Bemerkungen
Knorria polyphylla Roem., 1843, S. 2.	Grauwacke bei Voigtslust unweit Clausthal.	= *Lepidodendron tylodendroides*? im *Knorria*-Zustand.
Lepidodendron fusiforme (Roem.) Pot., 1899, S. 370, non Unger.	Culmgrauwacke des Oberharzes und des Magdeburgischen.	= *Lepidodendron tylodendroides* (Sternb.) Pot.
Lepidodendron hexagonum Görr. in Roem., 1843, S. 1.	Lautenthal in der Grauwacke.	Ein *Lepidodendron* oder *Lepidophloios*.
Lepidodendron limaeforme Roem., 1860, S. 10.	Culmgrauwacke bei Clausthal.	Subepidermaler Erhaltungs-Zustand von *Lepidophloios* oder *Lepidodendron*!
Lepidodendron Veltheimianum Sternb., 1825, S. XII. *Lep. Veltheimii* l.c., S. 43.	Grauwacke von Magdeburg.	= *Lepidodendron Veltheimii*.
Megaphytum gracile Roem., 1860, S. 9.	Grauwacke des Trogthales bei Lautenthal.	*Megaphyton simplex* Görr.!
Megaphytum Kuhianum Görr. bei Roem., 1860, S. 9.	Culmgrauwacke im Innerstethal.	*Megaphyton Kuhianum* Görr.
Sagenaria attenuata Görr., 1852, S. 188.		siehe *Aspidiaria attenuata*.
Sagenaria caudata Presl. bei Roem., 1860, S. 9.	Grauwacke des Pochthales bei Clausthal.	Wohl eine *Aspidiaria* eines *Lepidodendron*.
Sagenaria concinna Roem., 1860, S. 10.	Grauwacke des Pochthales bei Clausthal.	= *Lepidodendron Volkmannianum*.
Sagenaria geniculata Roem., 1850, S. 46.	Posidonienschiefer bei Lautenthal.	= kleinpolstriges Stück von *Lepidodendron Veltheimii*?
Sagenaria Roemeriana Görr., 1851, S. 195 und 1862, S. 184.	Jüngere Grauwacke bei Grund.	= *Lepidodendron Volkmannianum*.
1. *Sagenaria Veltheimiana* (Sternb.) Presl. in Sternb. II, 1833—1838, S. 180 und 2. *S. Veltheimiana* Görr. bei Roem., 1850, S. 46 und 1860, S. 10.	1. Culmgrauwacke bei Grund und 2. Posidonienschiefer bei Lautenthal.	Wohl 1. *Aspidiaria*- und 2. subepidermaler Zustand von *Lepidodendron Veltheimii*.
Sagenaria Veltheimiana Görr. von Presl. in Görr., 1859, S. 516, Taf. 41, Fig. 3.	Jüngste Grauwacke des Harzes.	= *Lepidodendron tylodendroides*.

Artnamen bei den früheren Autoren	Fundorte	Kritische Bemerkungen
Sagenaria Volkmanniana Prest. bei Roem., 1850, S. 46.	Jüngere Grauwacke bei Grund.	= *Lepidodendron Volkmannianum*.
Sigillaria culmiana Roem. 1860, S. 10.	Thonschieferige Zwischenlagen der Grauwacke des Trogthaler Steinbruchs unterhalb Lautenthal.	*Bergeria* eines *Lepidodendron*. Nach Weiss, 1889 = unbestimmbares *Lepidodendron*. Wohl *L. Veltheimii*!
(*Sigillaria Sternbergii* Münst., 1839, S. 47.	Nicht wie Münster vermuthete aus dem Culm von Magdeburg, sondern aus dem oberen Buntsandstein (wohl von Bernburg), vergl. Beyrich, 1850, S. 174—175.	*Pleuromeia Sternbergii*.)

Sieht man die Namen der bisherigen Autoren in der linken Spalte durch, so erscheint die Flora unseres Culm durch die Zahl dieser Namen ziemlich ergiebig; eine kritische Betrachtung der Objecte reducirt die Zahl der Arten jedoch ganz wesentlich, wie die Durchsicht der rechten Spalte bemerkbar macht. Wir gehen nun diese Objecte in systematischer Folge im Einzelnen durch, soweit sie mir in den Original-Stücken vorgelegen haben oder die Abbildungen in der Literatur zu einer Aeusserung über dieselben genügen. Es kommen zwar — wie wir sehen werden — durch das Studium der seither gemachten Aufsammlungen, an denen auch ich mich betheiligen konnte, einige früher aus dem Culm des Harzes und des Magdeburgischen noch nicht bekannt gewesene Reste hinzu, doch wird auch jetzt nach eifriger Bemühung alles Vorhandene zu berücksichtigen, die Zahl der oben in der linken Spalte angegebenen vermeintlichen »Arten« bei Weitem nicht erreicht.

Filices.

Von Farn sind unter den Häcksel-Brocken zuweilen Andeutungen von spreitigen Theilen vorhanden, jedoch kommen zahlreiche stengelförmige, zuweilen auch noch verzweigte und dann oft gegabelte Organ-Theile vor, die für Farn-Spindel-Reste angesehen werden müssen. Der näheren Beschreibung werth sind jedoch nur Stamm-Stücke von *Megaphyton*.

Megaphyton ARTIS.

Es ist charakteristisch, dass die in den Gebieten nicht seltenen *Megaphyton*-Exemplare durchweg so ramponirt sind, dass kein einziges Stück die Form und Sculptur der Blattnarben mehr zur Anschauung bringt. Ueberall haben wir es mit subepidermalen Erhaltungs-Zuständen zu thun. Bei dem bedeutenden Unterschied der den Blattnarben entsprechenden Male[1]) der Reste handelt es sich zweifellos um mindestens 2 Arten, denen dieselben angehören.

Megaphyton simplex.

Megaphyton simplex Göpp., 1859, S. 528, Taf. 44, Fig. 1.
Megaphytum gracile Roem., 1860, S. 9, Taf. III, Fig. 1 und 2.
Fig. 36 und 37.

Nach den von GÖPPERT l. c. und ROEMER l. c. gebotenen Figuren im Vergleich zu den unserigen kann man *M. simplex* und

---

[1]) Ich werde im Text streng zwischen »Male« und »Narbe« unterscheiden. Eine Narbe ist anatomisch eine umschriebene Stelle auf der epidermalen Aussenfläche eines Organs, welche angiebt, wo ein abgefallenes Organ, gewöhnlich ein Wedel oder Blatt, gesessen hat, während ein Mal jede sich von der Umgebung abhebende Marke auf irgend einer Fläche — also auch z. B. einem Calamiten-Steinkern — ist. »Mal« ist also der weitere Begriff, unter welchen auch der Begriff der Narbe fällt; jedoch soll der letztere stets nur da Verwendung finden, wo ein Zweifel an der Narben-Natur des Males nicht vorhanden ist. Wo daher, wie oben, von einem »Blatt«-Mal die Rede ist, ergiebt sich ohne Weiteres, dass es sich um ein unter der Epidermis oder dem Hautgewebe befindliches Mal handelt, das der an dem Rest nicht mehr vorhandenen, darüber gelegenen Blatt-Narbe entspricht. In demselben Sinne sind auch die *Knorria*-Wülste u. s. w. Blatt-Male, aber natürlich keine Blatt-Narben. Durch exactes Festhalten an dieser Definition erleichtert sich die Beschreibung und das Verständniss der Fossilien nicht unbedeutend. Die gedankenlose Anwendung des anatomisch ganz klaren Begriffes Narbe auf alle Male, die mit echten Narben nur eine äussere, oft nur recht entfernte Aehnlichkeit haben, macht den offenbaren Werth des letztgenannten Begriffes bei der Beschreibung von Pflanzenfossilien illusorisch. Spricht man z. B. bei Calamariaceen-Resten von Ast-Narben, so sollten stets die Ast-Abgänge auf der epidermalen Aussenfläche, spricht man hingegen von Ast-Malen, so sollten die Ast-Abgangsstellen, wie sie auf den Steinkernen der Calamariaceen (den Calamiten im engeren Sinne) auftreten, gemeint sein.

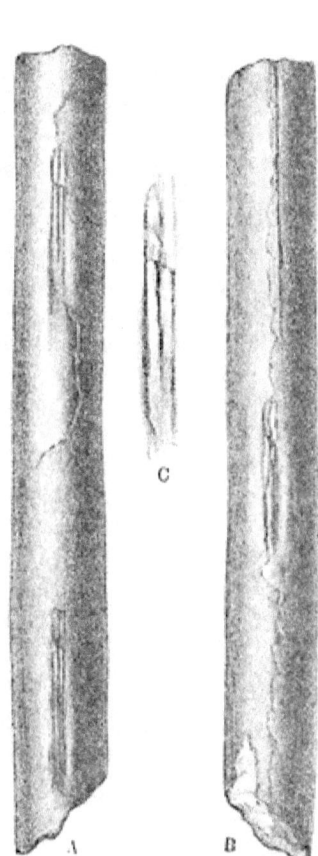
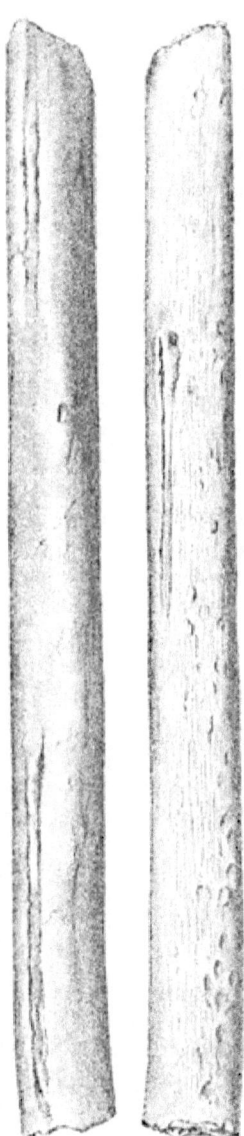

Fig. 36.
Megaphyton simplex Görv. A Fläche mit 2 Malen. B dasselbe Stück um 180 Grad gedreht mit nur einem Mal auf der nunmehr vorderen, anderen Fläche. C ein einzelnes Mal etwas vergrössert. — Wildemann im Harz (S. B.¹, ded. E. Harbort.)

Fig. 37.
Megaphyton simplex Görv., von beiden Seiten gesehen. — Lautenthal im Harz. (Original zu Roemer. 1860. Taf. III, Fig. I. S. Bm. C.)

Fig. 37.

M. gracile nicht wohl specifisch von einander trennen. Die Blatt-Male sind sehr langgezogen, man kann sie als sehr lang-gestreckte *Knorria*-Wülste beschreiben, die sehr bald in 2 Gabeltheile auseinander gehen, die dicht aneinanderliegend verbleiben. Die Gabeltheile sind (Fig. 36 C) oft an ihrem Gipfel wie *Knorria*-Wülste verbrochen. Auf der nicht mehr vorhandenen epidermalen Oberfläche wird die Blattnarbe über dem Gipfel der beschriebenen, langgestreckten, knorrioiden Wülste gesessen haben. ROEMER bildet l. c. auf der sonst glatten Oberfläche zwischen den Malen rundliche, zuweilen stigmarioide, kleine Male ab, die vielleicht die Abgangsstellen von Luftwurzeln andeuten. Stücke ohne Blatt-Male mit den stigmarioiden Malen könnten mit *Bothrodendron* verwechselt werden, ebenso wie wirkliche *Bothrodendron*-Stücke irrthümlich wegen dieser stigmarioiden Narben an ROEMER's Rest specifisch zu diesem gestellt werden könnten. Von den Originalen des Letzteren hat mir das 1860, Taf. III, Fig. 1, abgebildete vorgelegen (S. Bm. C.!); ich bilde es Fig. 37 nochmals ab, obwohl es nicht so gut erhalten ist wie Stücke, welche die Vorlagen zu meinen Fig. 36 A—C abgegeben haben, und zwar um zu zeigen, dass die Male ausserhalb der Blattmale auf der sonst mehr glatten Oberfläche nichts für ihre sichere Deutung ergeben.

Vorkommen: Harz: Culmgrauwacke bei Wildemann (!), des Trogthales bei Lautenthal (Original ROEMER's!) und Steinbruch am Eichelberge bei Grund (S. Z.!).

(Nach LUDWIG, 1869, S. 123, Taf. XXI, Fig. 3 und 3 a, auch im Sandstein von Kombach bei Biedenkopf und nach GÖPPERT's Figur in der Culmgrauwacke von Steinkunzendorf südwestl. von Reichenbach in Schlesien.)

Megaphyton Kuhianum.

Megaphyton Kuhianum GÖPP., 1847, insbesondere 1852, S. 190, Taf. XXVI, Fig. 1 und 2.
Fig. 38—45.

Inwieweit die Reste, die vorläufig als *M. Kuhianum* zusammenzufassen sind, auch specifisch wirklich zusammengehören, oder mehrere Arten bergen, ist zur Zeit nicht festzustellen. Die —

wie die bei unseren Figuren angegebenen Grössen-Verhältnisse ergeben — oft beträchtlichen Maasse der Stamm-Steinkerne, lassen auf grössere Farn-Bäume schliessen. Die subepidermalen Male unserer Steinkerne sind wie bei der vorigen Art ebenfalls knorrioid, aber sehr viel breiter, flach und im Vergleich zu ihrer Breite sehr viel kürzer als bei der vorigen Art. Die knorrioiden Wülste zerfallen oben ebenfalls wie eine Gabel in 2 stumpfe Theile, die oft mehr oder minder weit — ganz wie *Knorria*-Wülste — verbrochen sind. Auch der Farnstamm-Rest *Knorripteris Mariana* (mein Lehrb. 1897, S. 68) aus dem Muschelkalk besitzt in 2 stumpfe Lappen getheilte Wülste.

Eine Sculptur zwischen den Malen ist entweder nicht vorhanden oder die Steinkerne zeigen längsverlaufende, strichförmige Rinnen, die durch ihren bogigen Verlauf die Oberfläche in mehr oder minder rhombisch-spindelförmige Felder zerlegen. An einigen Exemplaren (S. B.?!, Fig. 45 und Provinzial-Museum zu Hannover!) des Magdeburger Culm sind lange, breite Rinnen auf den Flächen zwischen den beiden Blatt-Mal-Zeilen vorhanden, die vielleicht einer ursprünglichen Wurzel-Bekleidung den Ursprung verdanken.

Der von ROEMER, 1860, S. 9, Taf. III, Fig. 3, beschriebene und abgebildete Rest aus dem »Innerstethal unterhalb Lautenthal« im Oberharz ist ebenfalls zu *M. Kuhianum* zu stellen. Kleine, kreisförmige Gruben zwischen den Blatt-Mal-Zeilen sind so wenig charakteristisch, dass sie keine Beachtung verdienen, sie müssten denn früher deutlicher gewesen sein und würden am besten als die Male von Luftwurzeln anzusehen sein. Die »quer-oblongen, flachen Vertiefungen« ROEMER's sind ebenfalls keineswegs so ausgeprägt, wie an der Zeichnung des Letzteren. Auf der gezeichneten Seite kann ich überhaupt nur eine solche Vertiefung bei a unserer Fig. 44 sehen, nicht viere und allenfalls noch die Andeutung einer zweiten bei b. Mit der Pflanze selbst haben diese Vertiefungen vielleicht gar nichts zu thun, sondern sind zufällige Eindrücke. Bei der Auffälligkeit von ROEMER's Figur ist es gut, das Original noch einmal abzubilden, was ich durch Fig. 44 thue.

Die punktförmigen Male am unteren Theil der knorrioiden

Fig. 38.
Megaphyton Kubianum. Von beiden Seiten aus

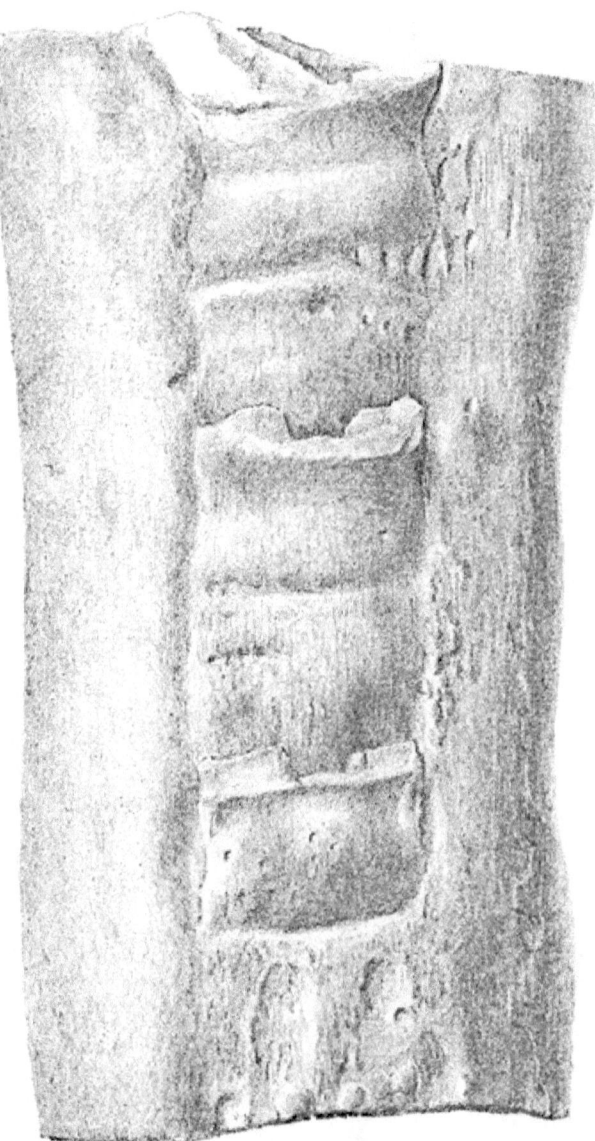

Fig. 38.
gesehen. — Magdeburg. (Coll. Werner. S. B.²⁵).

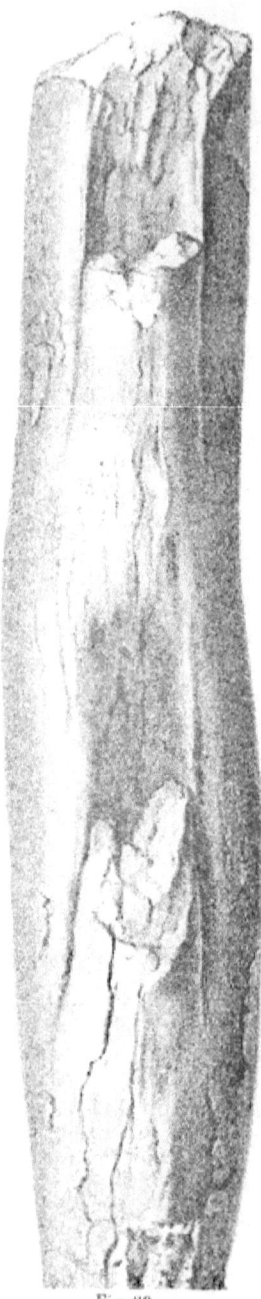

Fig. 40.

Fig. 39.
Megaphyton Kuhianum Görr. — Steinbruch im Innerstethal (oberhalb Silberhütte) bei Clausthal-Zellerfeld (S. Z.!).

Fig. 40.
Megaphyton Kuhianum in ⅓ der nat. Grösse. — Neustädter Hafen bei Magdeburg. (S. M.!)

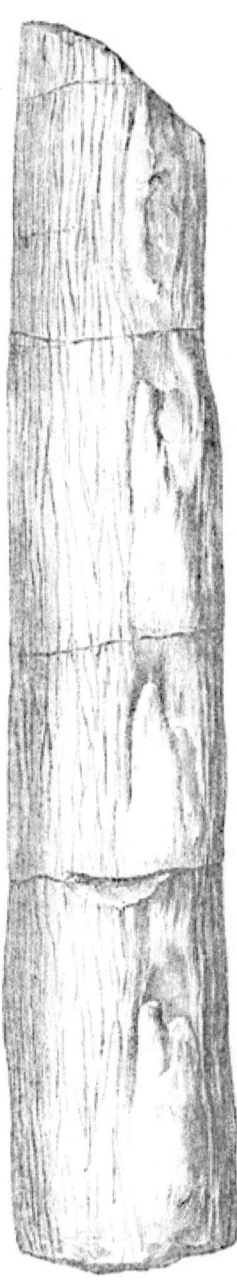
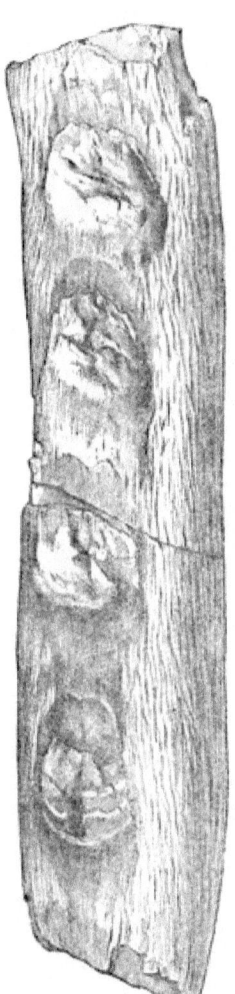

Fig. 41.
Megaphyton Kubianum in ¹/₃ der natürl.
Grösse. — Hafen von Magdeburg-
Neustadt. (S. M.?)

Fig. 42.
Megaphyton Kubianum in ¹/₃ der natürl.
Grösse. — Hundisburg bei Neuhaldens-
leben. (S. B.¹²)

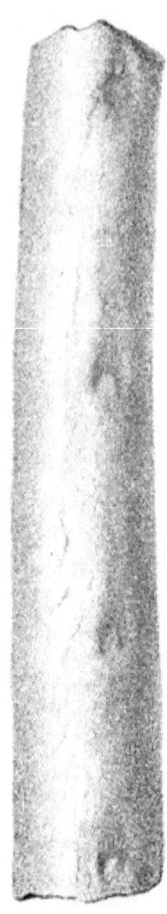 

Fig. 43.
Megaphyton an Kuhianum. — Wildemann (Adlersberg). — (Sammlung C. Armester!)

Fig. 44.
Megaphyton Kuhianum Gürr. Ueber die Stellen a u. b vergl. im Text S. 79. — Lautenthal im Harz (S. Bm. C.! Original Roemer's.)

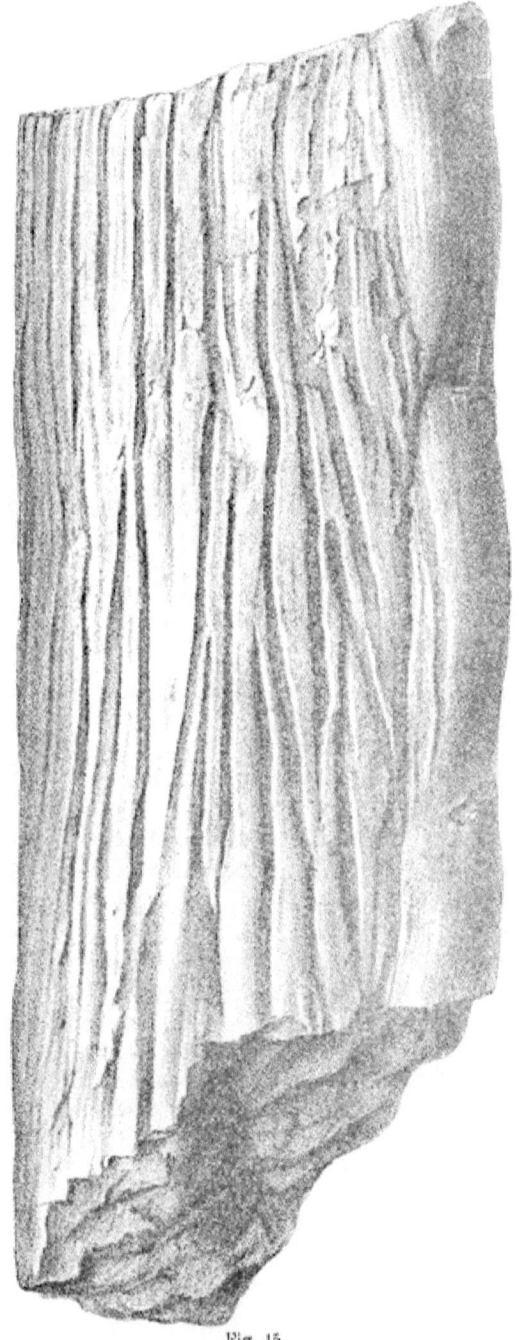

Fig. 45.
Megaphyton Kuhianum. — Hundisburg. — (Coll. Ewald. In der S. B.)

Male und seitwärts derselben an dem Fig. 38 abgebildeten Exemplar der Sammlung WERDER dürften Luftwurzel-Male sein.

Vorkommen: Harz: Westfuss des Eichelberges, 500 m südlich Grund (S. Göttingen!). Steinbruch am Schwarzen Wald, südlich Wildemann (!). Steinbruch im Innerstethal (oberhalb der Silberhütte) bei Clausthal (S. Z.!). Lautenthal (!).

Magdeburg: Hafen bei M.-Neustadt (S. M.!). Hundisburg (S. B.!!).

(Nach GÖPPERT bei Dirschel bei Katscher in Oberschlesien.)

Protocalamariaceen.

Asterocalamites scrobiculatus.

Asterocalamites scrobiculatus (SCHLOTHEIM) ZEILLER.
Boraia scrobiculata und *transitionis* der Autoren.
Calamites transitionis der Autoren.
»Calamites distans STERNBG.? und *C. distans?* GÖPP.« bei ROEM., 1843, S. 2, Taf. I, Fig. 5, 6 und 1850, S. 44, Taf. VII, Fig. 2.
Calamites cannaeformis v. SCHLOTH. bei ROEMER, 1843, S. 2.
Anarthrocanna approximata GÖPP. in ROEMER, 1850, S. 45 und GÖPP., 1852, S. 129.
? *Calamites dilatatus* GÖPP., 1851, S. 190.
Calamites remotissimus ANDRAE, 1851 (non GÖPP., 1847, S. 68 und 1852, S. 116).
» *tuberculatus* ANDRAE, 1851 und wohl auch GÖPP., 1852, S. 128.

Fig. 46—51.

Von dieser Art liegen mir eine grosse Zahl Steinkerne der Markhöhlung des Stengels vor. Es ergiebt sich aus einer vergleichenden Betrachtung derselben, dass die oben in der Synonymen-Liste eingezogenen »Arten« der früheren Autoren nicht aufrecht zu erhalten sind. Das einzige sichere Merkmal der *Asterocalamites scrobiculatus*-Steinkerne sind die geradlinig durch die Nodiallinien durchgehenden Längsriefen, deren Entfernung von einander sehr wechselt. Nur gelegentlich kommen an den Nodiallinien alternirende Längsriefen vor, wodurch partiell die Sculptur der Calamariaceen (im engeren Sinne) erreicht wird. Diese Thatsache ist aber geeignet, zur Vorsicht zu mahnen bei der Bestimmung von Resten, die ganz zu diesem Typus gehören, weil wir nicht wissen können, ob nicht gewisse Theile der Protocalamariaceen-Stengel-Organe normal den Equisetum-Calamariaceen-

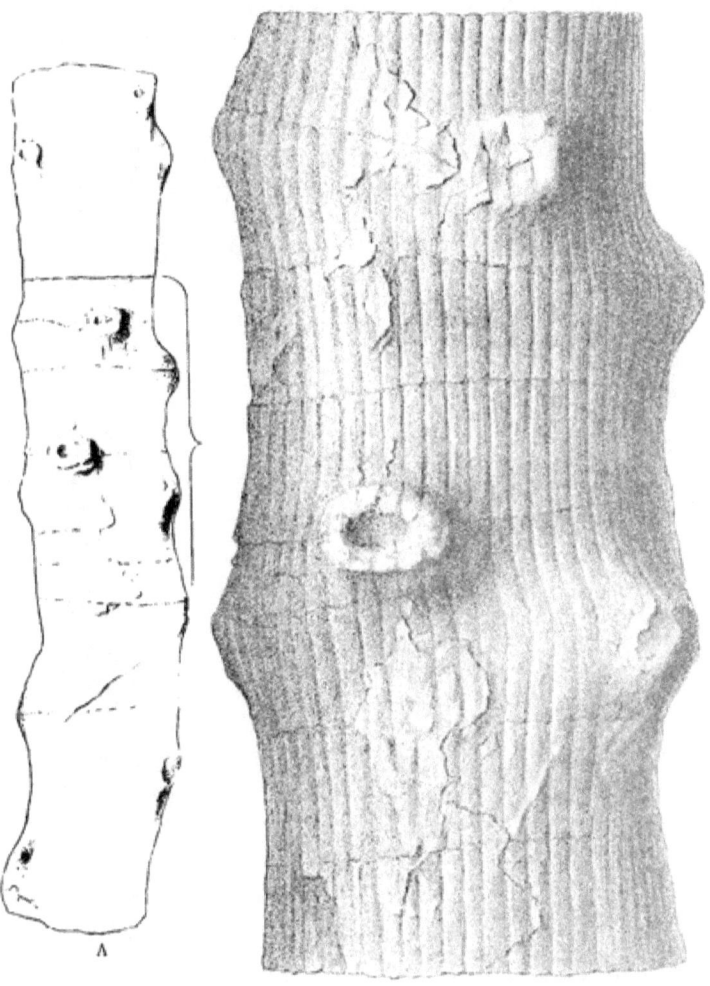

Fig. 46.
Asterocalamites scrobiculatus. — A = ⅓ der natürl. Grösse, B das mit der Klammer bezeichnete Stück von A in ¹/₁. — Magdeburg 1881. (Provinzial-Museum Hannover!).

Leitbündel-Verlauf besitzen. Dass gewisse derjenigen Stücke, die wir heute noch zu den echten Calamariaceen zu stellen genöthigt

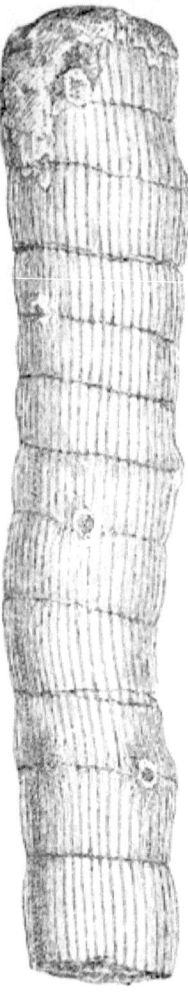
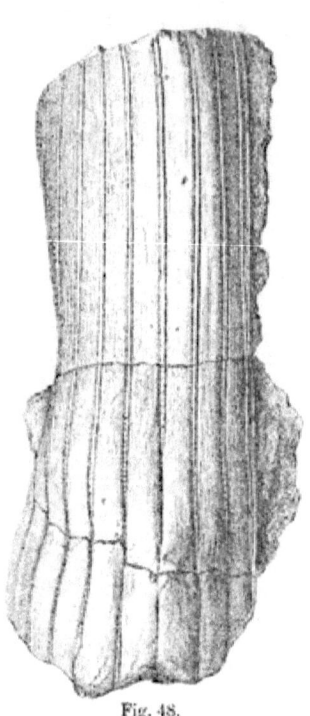

Fig. 48.

Fig. 47.
Asterocalamites scrobiculatus mit Spross-Malen auf den Nodial-Linien. — Magdeburg (S. M.?).

Fig. 48.
Asterocalamites scrobiculatus. — Steinbruch bei Zellerfeld (S. Z.?).

Fig. 47.

sind, wie den von ROEMER *Calamites Goepperti* genannten Rest, einmal als Protocalamariaceen sich ergeben werden, ist also keineswegs ausgeschlossen.

Die Nodiallinien sind als solche meist deutlich, zuweilen jedoch nur durch eine quere Punktreihe, die sich aus localen Anschwellungen oder Zusammenziehungen der Längsriefen zusammensetzt, vorhanden. Der letzterwähnte Fall ist namentlich an beträchtlich

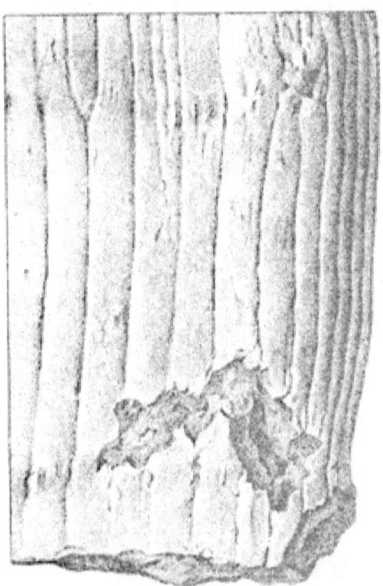

Fig. 49.

Asterocalamites scrobiculatus. — Kleiner Theil eines Steinkernes aus dem Trogthaler Steinbruch bei Lautenthal, um die sehr breiten Rippen zu veranschaulichen (S. Bk. C.!).

dicken Steinkernen zu constatiren, welche Stammtheilen entstammen, in denen die Diaphragmen der Markhöhlungen offenbar ganz verschwunden waren und so keine Querriefen hinterlassen konnten. Ein grosser Rest (von Hundisburg) — von 45,5 cm Länge, 16,5 cm und 10,5 cm Durchmesser — befindet sich in der S. M.!, ein anderer, etwa ebenso grosser Steinkern (vom Trogthaler Steinbruch bei Lautenthal) in der S. Bk. C.!; der letztere besitzt eine Länge von 48 cm Länge und bei ebenfalls cylindrischer Erhaltung einen Durchmesser von 15,5 cm an dem einen und 10 cm an dem anderen Ende. Die Riefen dieses mächtigen Stückes besitzen

Fig. 56.
Asterocalamites scrobiculatus. Rechts oben noch mit einem Stückchen kohliger Rinde; die kleine Figur rechts stellt dieses Kohlen-Rinden-Stückchen von Innen gesehen dar. — Hafen von Magdeburg-Neustadt (S. M.!).

einen Zwischenraum, also eine »Rippen«-Breite von nicht weniger als durchschnittlich 5 mm; die Breite steigert sich aber sogar bis 7 und 8 mm. Nur ganz gelegentlich laufen hier einmal an den nur als Punkte der Längsriefen angedeuteten Nodiallinien 2 Riefen

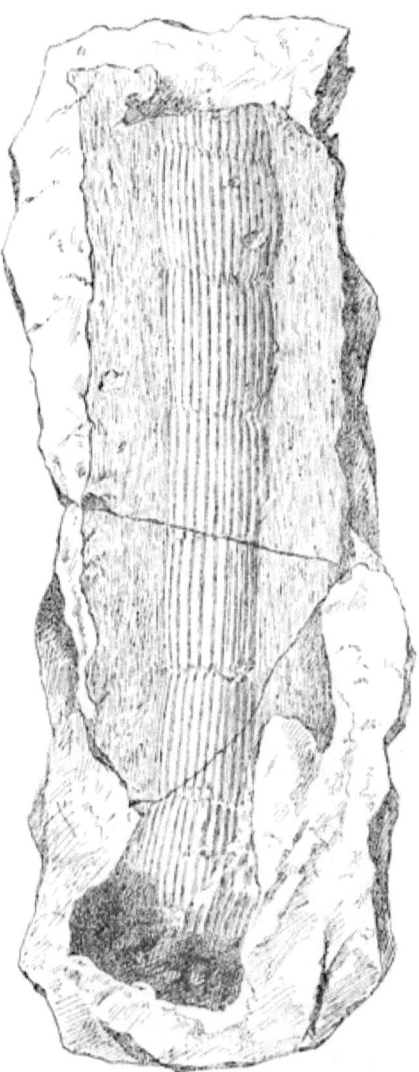

Fig. 54.
Asterocalamites scrobiculatus, rechts und links von dem Steinkern mit Abdruck des Holzkörpers. — Hafen von Magdeburg-Neustadt (S. M.).

zusammen. Ein weiterer Rest von nicht weniger als 1,43 m Länge — leider unbekannten Fundortes, aber wohl ebenfalls aus dem Oberharzer Culm — befindet sich in derselben Sammlung (!); er ist ganz cylindrisch und besitzt einen Durchmesser von 8—9,5 cm; es wurden über 40 Nodiallinien gezählt, jede Linie mit ca. 7—8 Spross-Malen.

Rechnet man bei solchen mächtigen Stücken den nicht mehr vorhandenen Holzkörper und die Rinde hinzu, so dürfte derselbe im Leben kaum unter 35 oder mehr Centimeter Durchmesser anzunehmen sein. Wie mächtig der Holzkörper von *Asterocalamites* war, wissen wir aus Schliffen und auch unsere Fig. 51, welche rechts und links von der Markhöhlung noch einen grossen Theil des Holzkörpers im Abdruck zur Anschauung bringt, giebt diesbezüglich einen Anhalt. Zuweilen sind Holz und Rinde noch als im Volumen stark reducirte kohlige Bedeckung der Steinkerne erhalten, so bei dem in Fig. 50 abgebildeten Stück. Wir sehen hier, dass die epidermale Aussenfläche glatt war und auch kaum die Nodiallinien hervortreten liess. Rechts neben der Figur wurde das kohlige Deckstück, von Innen gesehen, abgebildet. Die Internodien der Steinkerne sind kürzer als breit (zuweilen bis fünfmal kürzer als breit) und allermeist mit Spross-Malen auf den Nodiallinien versehen, Fig. 46 und 47 oder länger als breit (zuweilen über viermal länger als breit) und dann gewöhnlich ohne Spross-Male, Fig. 50, 51. Ob diese Sprosse Laub-Sprosse oder (dann stammbürtige) Blüthen waren, muss dahingestellt bleiben. Die allgemeine Erscheinung, dass Blüthen in kurzinternodischen Regionen aufzutreten pflegen (vergl. mein Lehrb. S. 252), macht die Annahme, dass es sich in den in Rede stehenden Malen von *Asterocalamites* eher um solche von Blüthen oder Blüthenständen handeln könnte, nicht unannehmbar. Exemplare, die sowohl Internodien besitzen, die länger als breit sind, als auch solche, die kürzer als breit sind und dann letztere mit Spross-Malen, habe ich wiederholt gesehen, solche befinden sich in der S. B.[1] und der S. M. aus dem Magdeburger Culm (Hafenkanal). Seltener sind Stücke mit Internodien, die länger als breit sind und bei denen die Nodiallinien je ein Mal tragen, so ein Rest der S. B.[1] ebenfalls aus dem Magdeburger

Culm; sind die Internodien im Verhältniss zur Breite sehr niedrig, so pflegen sie eine grössere Zahl Spross-Male aufzuweisen, wie der schon erwähnte Rest von 1,43 m Länge[1]).

[1]) Nach Prüfung des geologischen Vorkommens von *Asterocalamites scrobiculatus* bin ich zu der Ueberzeugung gelangt, dass diese Art erst seit dem Culm sicher bekannt ist. Angegeben wird sie von J. W. Dawson aus dem Mittel- und Oberdevon Nord-Amerikas in einer Flora, die sonst wenig silur-devonischen Charakter trägt (vergl. mein Lehrbuch, S. 364), sondern wohl jüngeren Horizonten angehört. Die Schichten in Amerika mit diesen Resten bedürfen der nochmaligen Revision hinsichtlich ihres Alters. J. F. Whiteaves sagt (Nature, London, 21. September 1899): »... our knowledge of the organic remains of the Devonian of Nowa Scotia is still in its infancy, and it would seem that the plantbearing beds near St. John, N. B., which have so long been regarded as Devonian, may possibly be Carboniferous«. — Aus Europa hat Solms-Laubach neuerdings den *Asterocalamites scrobiculatus* aus älteren Schichten als Culm angegeben (1894/95, S. 68) und zwar (vergl. mein Lehrbuch, S. 365—366) von Bundenbach am Hunsrück, aus tieferen Unterdevon (Hunsrückschiefer). Graf Solms hatte die Güte, mir seine Reste zu senden, ebenso Herr Prof. Benecke diejenigen aus dem geognostischen-paläontologischen Institut der Universität zu Strassburg im Elsass und endlich besitzen auch die Sammlungen der Kgl. Preuss. Geolog. Landesanstalt und des Museums für Naturkunde zu Berlin einige Stücke Bundenbacher Schiefer mit dem fraglichen Object. So liegen mir im Ganzen jetzt etwa ¼ Hundert Stücke vor, die alle übereinstimmend gegen die Bestimmung als *Asterocalamites scrobiculatus* sprechen. Es handelt sich um Objecte, Fig. 52, die allerdings längsgestreift sind wie die Internodial-Oberflächen der

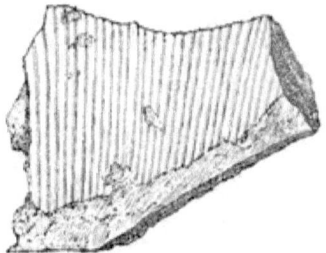

Fig. 52.
Puella-ähnlicher Rest aus dem Hunsrück-Schiefer (tieferes Unterdevon) bei Bundenbach am Hunsrück in der Rheinprovinz. — Sammlung der Universität zu Strassburg im Elsass!

Steinkerne von *Asterocalamites*, jedoch zeigen die Bundenbacher Reste weder Nodiallinien, noch sind die Entfernungen der längsverlaufenden Riefen auf denselben »Nodialstücken« — und man müsste doch annehmen, dass die Riefen

Vorkommen: Fast in allen Sammlungen finden sich Stücke dieses häufigen Fossils. — Harz: z. B. Bauersberg bei Wiemannsbucht bei Grund, Trogthaler Steinbruch im Innerstethal bei Lautenthal, Wildemann, Zellerfeld und Clausthal (Rosenhöfer Steinbruch u. s. w.), Lerbach (Lerbacher Teich), Altenau, Schulenberg u. s. w.!

Im Magdeburgischen: z. B.: Hundisburg, Olvenstedt, Ebendorf, Hafen bei Magdeburg-Neustadt!

Calamites oder Asterocalamites.

Wohin man Stücke wie Fig. 53 und 54 bringen soll, ist im ersten Augenblick zweifelhaft. Sie besitzen in der Regel Internodien, die wesentlich länger als breit sind und die Rippenbreite ist bedeutend geringer als an gleich dicken Resten von *Asterocalamites scrobiculatus*. Ob unsere zweifelhaften Reste trotzdem zu der genannten Species gehören, ist vorläufig nicht auszumachen. Gewisse Sprosse derselben könnten sehr wohl in ihrem Bau und in ihrer Tracht von den üblichen abweichen. Oft sieht man die Riefen wie bei *Asterocalamites* durch die Nodiallinien gerade hindurchlaufen, an anderen Stellen jedoch die Ausbildung von *Stylocalamites*. Reste, bei denen

aller Reste je zu einem und demselben Internodium gehören — oben und unten die gleichen, wie das bei *Asterocalamites* der Fall ist. Vielmehr laufen die Riefen des Bundenbacher Fossils schwach oder ohne Weiteres augenfällig fächerig auseinander, was mir — wie gesagt — bei *Asterocalamites* niemals begegnet ist. Bei einem breitriefigen Stück von Bundenbach gingen 10 Riefen auf dieselbe Breite von 9 Riefen in 5 cm senkrechter Entfernung davon, bei einem anderen Stück 7 Riefen wie 6 Riefen in 5,5 cm Entfernung. Bei noch anderen Stücken wurden gemessen unten 16 Riefen in 1,5 cm Höhe davon 14 Riefen, oder 14 Riefen unten und oben in 3 cm Entfernung 13 Riefen, bei einem schmalriefigen Stück 13 Riefen unten und in 2 cm Höhe davon 12 Riefen u. s. w. Das fächerförmige Auseinandergehen ist also geradezu auffällig: man sieht, es handelt sich auf keinen Fall in diesen Devon-Resten um *Asterocalamites*. Da ich vermuthete, dass thierische Reste in Betracht kommen könnten, habe ich dieselben Herrn BEUSHAUSEN vorgelegt, der mich auf die grosse Aehnlichkeit der geschilderten Sculptur mit derjenigen der Schalen von *Puella elegantissima* BEUSH. aufmerksam machte, nur dass die als Pflanzen-Reste gedeuteten Stücke oft grössere Dimensionen aufweisen, als sie an den Schalen der genannten Species bislang bekannt sind.

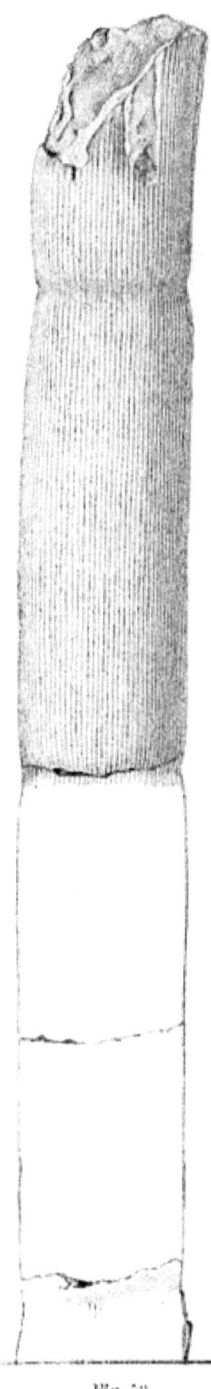
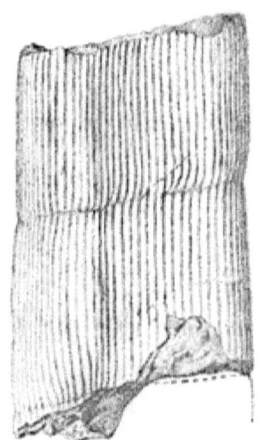

Fig. 54.

Fig. 53.
Asterocalamites oder *Stylocalamites*. —
Hundisburg bei Neuhaldensleben
(Eduard Schultz leg. S. B.!).

Fig. 54.
Asterocalamites oder *Stylocalamites*. —
Steinbruch im Innerstethale oberhalb
Silberhütte (S. Z.!).

Fig 53.

wie in Fig. 56 jede Knotenlinie Ast-Male aufweist, erinnern an *Eucalamites ramosus*.

Freilich sind die Reste meist nicht recht genügend erhalten und die Schmalrippigkeit erschwert ein zweifelloses Erkennen des Riefenverlaufes. Die in Rede stehenden Reste, die sich habituell sofort und auffallend von den typischen Resten des *Asterocalamites scrobiculatus* unterscheiden (man vergleiche nur unsere Abbildungen) können also zu *Asterocalamites* und zwar als besondere Art, oder zu *A. scrobiculatus*, oder aber endlich zu *Stylocalamites* oder *Eucalamites* gehören.

Vorkommen im Harz: Steinbruch bei Zellerfeld und im Innerstethal oberhalb Silberhütte (S. Z.!).

Im Magdeburgischen: Hundisburg (S. B¹!).

Calamariaceen.

Soweit die in den Nodiallinien alternirenden Längsriefen Auskunft geben (vergl. das oben S. 94—96 Gesagte), kommen in dem Culm des Harzes echte Calamiten vor, wenn auch bei Weitem nicht so häufig wie *Asterocalamites*. Von den wenigen Resten, die eine nähere Bestimmung zulassen, sind die meisten zu *Stylocalamites* zu stellen.

Stylocalamites WEISS.
Fig. 55.

Der eine der hierher zu rechnenden Reste ist von ROEMER (1850, S. 45, Taf. VII, Fig. 8) als *Calamites Goepperti* (in der S. Bm. C.!), der andere von GÖPPERT (in ROEMER, 1850, S. 45, Taf. VII, Fig. 6) als *C. Roemeri* bekannt gemacht worden. Die zickzackförmigen Nodiallinien sind zwar in den Zeichnungen ROEMER's sehr deutlich, jedoch bieten die Stücke viel zu wenig, als dass sich auf Grund derselben mehr würde sagen lassen, als dass eben wahrscheinlich Stylocalamiten in unserem Culm vorkommen und zwar nur »wahrscheinlich«, weil an dem mir vorliegenden Rest, Fig. 8 ROEMER's, die Nodiallinien viel undeutlicher sind, als sie dieser Autor angiebt. Merkmale, welche die Steinkerne derart auszeichneten, dass eine Unterscheidung von solchen aus dem productiven Carbon möglich wären, etwa von solchen von dem Typus des *Cal. Suckowi* (so der *C. Goepperti*), oder von solchen von dem Typus des *Cal. acuticostatus* (so der *C. Roemeri*) sind nicht vorhanden.

Ein zweifellos zu *Stylocalamites* gehöriges Exemplar ist das Fig. 55 abgebildete, das ein nach einer Basis zu verschmälertes Stück eines Markhöhlungssteinkernes darstellt, wie das von den den Rhizomen ansitzenden Sprossen bekannt ist. Das Stück lässt sich nur als *Styl. Suckowi* bestimmen.

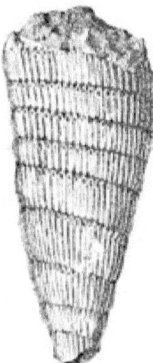

Fig. 55.
Stylocalamites Suckowi. — Culmgrauwacke bei Clausthal im Harz.
(Sammlung Hannover.!)

Vorkommen; Clausthal im Oberharz (Sammlung Hannover!), siehe auch vorn S. 73 in der Tabelle; einige andere *Stylocalamites*-Reste aus dem Culm des Oberharzes befinden sich in der S. Bm. C. (!), auch im Magdeburgischen scheinen *Stylocalamites*-Reste vorzukommen.

Eucalamites WEISS.

Fig. 56.

In wieweit der Rest, Fig. 56, von den unter *Stylocalamites* erwähnten specifisch oder gar generisch abzutrennen ist, ist vorläufig nicht festzustellen. Es ist klar, dass die letzteren auch eine Verzweigung besessen haben und so liegt es nahe, unseren Rest, der nur wegen der Ast-Male an den beiden vorhandenen Knotenlinien (bei a, b und c) an den Typus von *Eucalamites* er-

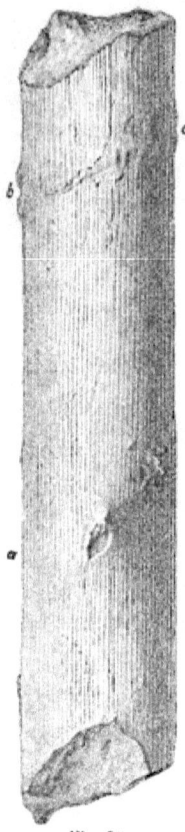

Fig. 56.
Calamites (*Eucalamites?*). Bei a, b und c Spross-Male. — Ebendorf bei Magdeburg (S. B.¹!).

innert, specifisch zu denjenigen vom Typus von *Stylocalamites* zu rechnen. Doch sind zu wenig Daten vorhanden, um hier eine sichere Entscheidung treffen zu können.

Vorkommen: Ebendorf bei Magdeburg (S. B.¹!).

Calamophyllites Gr. Eury.
Fig. 57 und 58.

In der S. Bm. C. fand ich einen *Calamophyllites*-Rest. Fig. 57.

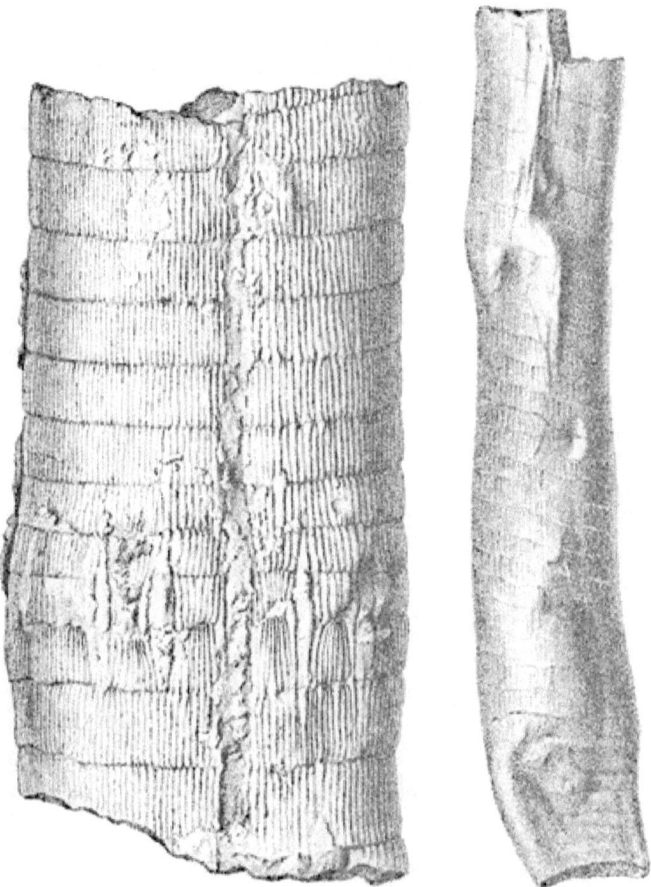

Fig. 57.
Calamophyllites cf. *approximatus*. —
Lautenthal im Harz (S. Bm. C.).

Fig. 58.
Calamophyllites cf. *approximatus*. —
Clausthal im Harz (Sammlung in Göttingen).

mit der Fundortsangabe »Lautenthal«, der eine Anzahl feinriefiger Internodien besitzt und auf einer der Nodiallinien eine Reihe locker stehender Spross-Male; auf dem Etiquett ist das Exemplar als *Calamites approximatus* bezeichnet und in der That könnte es zu dieser Art gehören. — Das Fig. 58 abgebildete Exemplar stammt aus der Göttinger Sammlung, der Fundpunkt ist »Clausthal«.

Auch aus dem Magdeburgischen und zwar von Hundisburg liegt mir ein Stück (coll. Ewald in der S. B.[2]) von *Calamophyllites approximatus* vor, es ist halb so breit und feinriefiger als das abgebildete Exemplar. Fig. 57.

Lepidophytae.

Stigmaria ficoides.
Fig. 59.

Schon S. 10 habe ich auf die Seltenheit grösserer *Stigmaria*-Reste in allochthonen Ablagerungen des Palaeozoicums hingewiesen

Fig. 59.
Stigmaria ficoides von Hundisburg. (Coll. Ewald S. B.[2]).

und den Grund für diese Thatsache angegeben. Epidermale Gewebefetzen mit einzelnen Narben, also typisch allochthone *Stigmaria*-Reste sind jedoch bei einiger Aufmerksamkeit nicht selten zu finden: sowohl im Harz als auch in den Steinbrüchen des Magdeburgischen. So vollkommene Stücke wie das Exemplar von Hundisburg, von dem unsere Fig. 59 sogar nur einen Theil zur Anschauung bringt, sind mir aus dem Culm sonst nicht wieder begegnet. Der in Rede stehende *Stigmaria*-Hauptkörper-Steinkern ist partiell derartig aufgebrochen, dass der Steinkern des Markkörpers mit seiner *Aspidiopsis* - Oberflächen - Sculptur in einer beträchtlichen Länge zum Vorschein kommt. Dieser Marksteinkern wurde in der Figur vollständig zur Darstellung gebracht.

Vorkommen: Harz und im Magdeburgischen: Die Angabe besonderer Fundpunkte lohnt sich aus dem oben angegebenen Grunde nicht.

Lepidodendraceen.

Die zahlreichen, meist als Bergerien und Knorrien erhaltenen Lepidophyten-Reste, Fig. 60—67, dürften alle zu Lepidodendraceen gehören; zweifellose Sigillariaceen-Reste sind nicht vorhanden, ebensowenig Bothrodendraceen-Reste, während abgesehen von den in unserer Liste genannten Lepidodendraceen-Resten in subepidermalen Erhaltungs - Zuständen auch einige gut erhaltene Stücke, welche die *Lepidodendron* - Stamm - Aussenflächen wiedergeben, vorliegen. Ausserdem ist auch die ihr nächstverwandte Gattung *Lepidophloios* vorhanden, und zwar nicht nur im *Halonia*-Zustand, sondern auch in einem die Blattfüsse genügend deutlich aufweisenden Stücke mit epidermaler Sculptur.

Soweit die Bergerien und Knorrien die charakteristischen Anschwellungen nicht zeigen, die bei *Lepidodendron tylodendroides* vorgeführt werden, lässt sich nicht sagen, ob sie zu *Lepidodendron Veltheimii* oder *Volkmannianum* gehören. Sie bieten aber vielfach Ergänzungen zum Gesammt-Aufbau der culmischen Lepidodendren, sodass wir sie nicht ausser Acht lassen dürfen.

Vor Allem zeigen eine Anzahl Stücke die auffällige, ganz typische Gabel-Verzweigung der Lepidodendraceen-Stämme und

-Zweige. Ein Exemplar im *Knorria*-Zustand, Fig. 61 (aus der Sammlung des Herrn Eduard Schultz, S. B.!!), von im Ganzen noch ca. 90 ᶜᵐ Länge, besitzt ein Fussstück von ca. 48 ᶜᵐ Länge, dessen basale Bruchstelle dieses Fussstück als einen Tochter-Gabelast zu erkennen giebt, der an der angegebenen Stelle mit seinem Pendant zusammenhing. Oben geht dieses Stück in eine Gabel aus; der eine Gabelast ist verbrochen, der andere erhalten und ca. 20 ᶜᵐ lang, um sich dann wiederum gabelig zu theilen; auch hier ist wiederum der eine Gabelast abgebrochen, und der andere von etwas über 20 ᶜᵐ Länge erhalten, der am Gipfel sich wiederum in zwei Gabeläste theilte, die aber verloren gegangen sind. Die Schwestergabeläste steigen einige Centimeter weit (der in der Fig. 61 mit 2 angemerkte 3 ᶜᵐ) zunächst parallel nebeneinander auf, indem die zugewendeten Seiten gegenseitig sich aneinander zu geraden Flächen abgeflacht zeigen; erst dann gehen sie winkelig auseinander. Die einzelnen Fussstücke nehmen ganz allmählich und schwach von unten nach aufwärts an Dicke zu; es sind die so entstehenden schwachen Anschwellungen mit den auffälligen, mehr plötzlichen und spindelförmigen Anschwellungen von *Lepidodendron tylodendroides* zwar nicht zu verwechseln, aber sie sind doch vielleicht Hinweise darauf, dass die spindelförmigen Anschwellungen der letztgenannten »Species« nichts Besonderes sind (vergl. S. 144) An der Abgangsstelle der Gabeläste sind diese ebenfalls etwas dicker als in ihrer Mitte. Ein anderes Exemplar (ebenfalls von Herrn Schultz, S. B.!!) in *Bergeria* × *Knorria*-Zustand hat ein Fussstück von 31 ᶜᵐ Länge, das in eine Gabel ausgeht, deren einer Ast noch 43 ᶜᵐ Länge aufweist. Auch sonst sind mir vielfach Gabelstücke bekannt geworden; vergl. z. B. auch die Figuren 62 und 63. Die *Knorria*-Reste gehören fast durchgehends zu dem Typus von *Knorria imbricata*, aber damit ist natürlich nicht gesagt, dass diese nun — namentlich wenn sie keine spindelförmigen Anschwellungen zeigen — zu *Lepidodendron tylodendroides*, siehe S. 125, gehören müssen, da diese Knorrien-Form ja auch bei anderen, ebenfalls obercarbonischen Lepidodendren vorkommt. Die Bergerien lassen sich jedoch naturgemäss, da sie Erhaltungs-Zustände sind, denen nur die epidermale Oberfläche oder das äusserste Hautgewebe fehlt, öfter mit grösserer Wahrscheinlichkeit als zu *Lepidodendron Veltheimii* oder *Volkmannianum* gehörig erkennen. In manchen Fällen, Fig. 64, lässt sich eben nur sagen, dass es sich um eine *Bergeria* handelt. Andere Stücke zeigen sowohl *Knorria*- als auch *Bergeria*-Sculptur, wieder andere eine solche, die zwischen diesen beiden Sculpturen steht und die ich daher zur schnellen Charakterisirung schon oben als *Knorria* × *Bergeria* bezeichnete. Ein Zweifel, dass die Bergerien zu *Lepidodendron* gehören ist zuweilen überhaupt nicht möglich, da die äussere Form der Polsterung ganz und gar die von *Lepidodendron* ist, oft so auffällig die von *L. Veltheimii*,

Fig. 60.
Rudimentär gebliebener Spross (Bulbille)? eines *Lepidodendron* im *Knorria imbricata*-Erhaltungszustand. (Vergl. S. 112.) — Aus dem »Regierungs-Steinbruch« zwischen Alt- und Neustadt von Magdeburg» (Sammlung v. Weissen in S. B.?).

andere die von *L. Volkmannianum*, dass ihre Zugehörigkeit zu diesen Arten keinem Zweifel unterliegt. Spricht schon die Thatsache, dass die Lepidodendren unserer Culm-Reviere nur sehr selten noch in Abdrücken ihrer epidermalen Oberflächen erhalten sind, sondern allermeist als Knorrien und Bergerien erscheinen, schlagend für die Allochthonie der Schichten, so kommt noch hinzu,

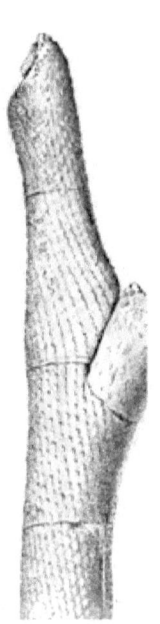

dass die *Knorria*-Wülste oft nicht normal nach aufwärts gerichtet, sondern seitwärts umgelegt sind, Fig. 66, eine Erscheinung, die die allochthone Natur der Reste zu unterstützen in der Lage ist, da sie auf reichlichere mechanische Insulte durch Wasserbewegung u. s. w., denen die Reste vor ihrer Fossilisation ausgesetzt waren, hinweist. Senkrecht gegen die Hauptaxe der Reste aufgerichtete Wülste, die dann in sich zusammensinken, wie das namentlich bei den in der Nähe der Mittellinie der Reste stehenden der Fall ist, bilden kleine Erhöhungen mit kreisförmiger Basis, die am Gipfel oft eine punktförmige Einsenkung: die Durchtrittsstelle des Leitbündels aufweisen; Stücke mit so erhaltenen *Knorria*-Wülsten können bei oberflächlicher Untersuchung leicht mit *Stigmaria* verwechselt werden, bei der jedoch die Narben — und für solche würde man bei der erwähnten Verwechselung die *Knorria*-Wülste halten — flach und eher sehr sanft schüsselförmig mit centralem erhabenem Punkt gestaltet sind.

Die nachträgliche Verlegung der *Knorria*-Wülste in eine andere Richtung wird man sich so vorzustellen haben, dass die noch in einem Rindentheil steckenden Wülste durch Verschiebung des ersteren, sei es durch Druck oder Zusammensinken des Restes in sich selbst, wie das bei der Verwesung anzunehmen ist, natürlich auch die *Knorria*-Vorsprünge mit verschoben hat. Besonders häufig ist die Erhaltung der Vorsprünge in der Nähe der Mittellinie der Breitseite der meist flach erhaltenen Steinkerne mehr oder minder *Stigmaria*-ähnlich, während die Flächen-Streifen rechts und links davon seitwärts geneigte *Knorria*-Vorsprünge aufweisen und zwar der rechte Streifen solche, die nach rechts hin gerichtet sind, der linke Streifen solche, die nach links hin weisen: Fig. 66 und 79. Es ist anzunehmen, dass eine leichter verwesbare und sehr schnell verschwindende Mittel-Rinde die Aussen-Rinde, in der die freien Enden der *Knorria*-Vorsprünge stecken, dermaassen gelockert hat, dass dann natürlich beim Zusammensinken die rechten Wülste nach rechts, die linken nach links sich wenden müssen: so erklärt sich der erwähnte Erhaltungszustand der Knorrien in der leichtesten Weise.

Knorrien mit entfernt stehenden Wülsten, bei dickeren Stamm-

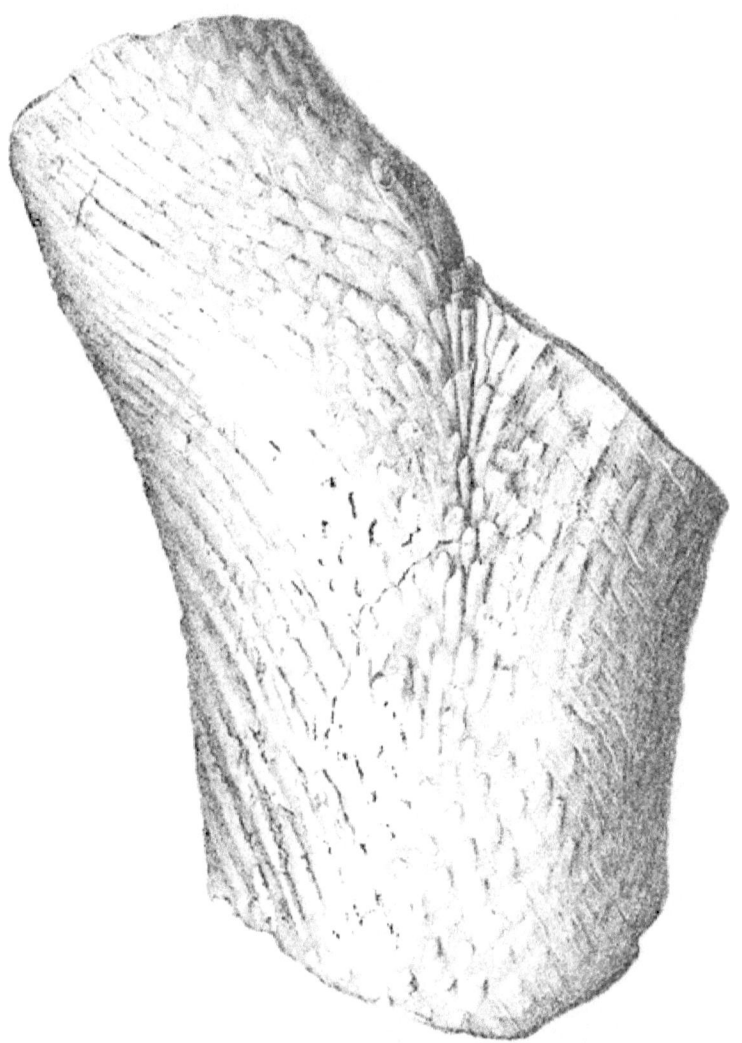

Fig. 63.
Knorria Sellei × *imbricata*-Gabelstück. — Magdeburg? (S. H.).

oder Zweig-Resten aber doch von entsprechender Dicke wie die
Wülste der *Knorria imbricata* mit ihren dachziegelig gedrängten
Wülsten sind seltener, aber doch nicht mit der typischen *Knorria*

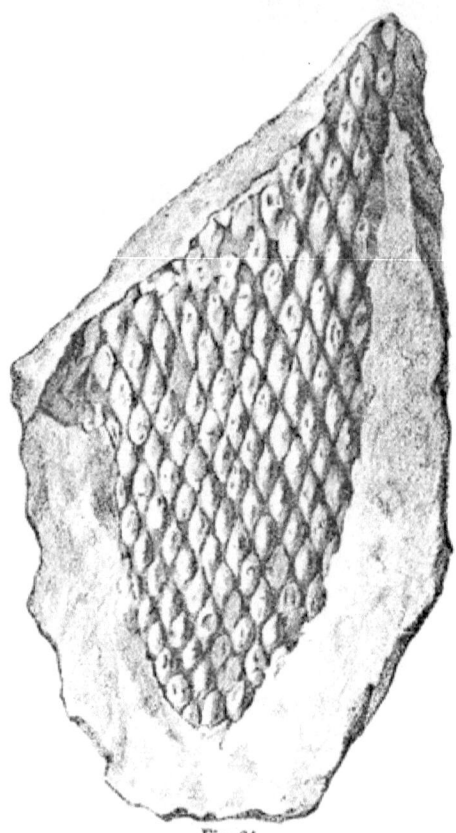

Fig. 64.
Bergeria. — Culmgrauwacke im Innerstethal: an der Eisenbahn von Wildemann
nach Zellerfeld (Sammlung des Prov.-Mus. zu Hannover!).

acicularis zu verwechseln, bei welcher die Wülste (wenigstens in
ihrem langen Gipfeltheil) auch der dicksten Stamm-Stücke stets

schmal sind. Solche culmischen Knorrien muss man nach der üblichen Benennung als *Knorria Selloi* STERNBERG bezeichnen. Wir geben in Fig. 63 und 65 eine Anschauung solcher Reste. Es ist nicht etwa gesagt, dass nun der *Knorria imbricata*-Zustand nur bestimmten und *K. Selloi* nur anderen Arten zukommt, denn wir sehen z. B. an dem Stück, Fig. 81, das zu *Lepidodendron tylodendroides* gehört, dass an diesem die *Knorria*-Fläche als *Knorria Selloi* erhalten ist.

Besonders auffällig ist der grosse, Fig. 62, verkleinert abge-

Fig. 65.
Knorria Selloi. — Bruch westlich von Hundisburg (leg. H. POTONIÉ Januar, 1899. S. B.!).

bildete *Bergeria* × *Knorria* - Rest aus der Sammlung des Herrn EDUARD SCHULTZ (jetzt S. B.!) durch die beiden nach aufwärts gerichteten stumpfen Vorsprünge in der unteren Hälfte des Restes. Die Gesammtlänge des Restes beträgt über 1,10 m. Die bemerkenswerthen Vorsprünge sind ihrer Stellung und Sculptur nach offenbar rudimentär gebliebene Gabelsprosse; an der Spitze des Exemplars ist ja noch eine Gabel-Verzweigung in hinreichender Deutlichkeit vorhanden, sodass das Gesammtstück unter dieser Gabel trotz des geraden Verlaufes desselben als aus zwei Gabel-Spross-Stücken entstanden anzunehmen ist, welche die beiden Spross-

Rudimente übergipfelt haben. Es liegt danach ein dichopodiales Sympodium vor [vergl. mein Lehrb. der Pflanzenpal. (1897) 1899, S. 17, Anmerkung]. Der Werth des Gesammt-Restes liegt nun

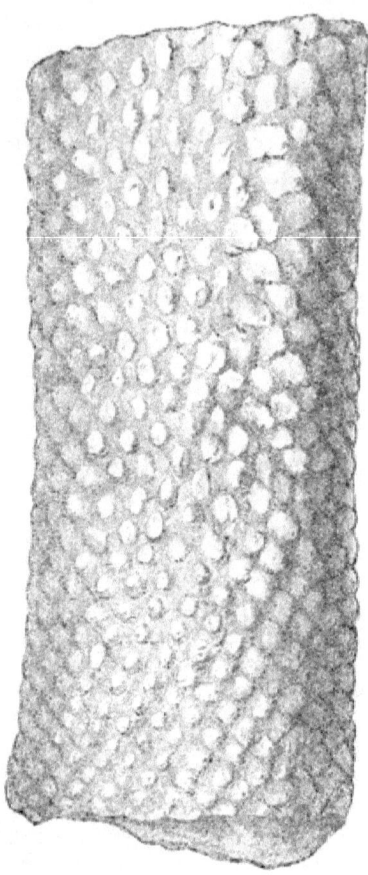

Fig. 66.
Knorria imbricata, in der Mittellinie mit stigmarioiden, rechts und links davon mit seitwärts umgelegten Wülsten. — Hafen bei Neustadt-Magdeburg. (S. M.!)

darin, als er eine Brücke zu dem Verständniss der Entstehung
der Ulodendren mit ihren beiden Blüthennarben-Zeilen bildet; kann

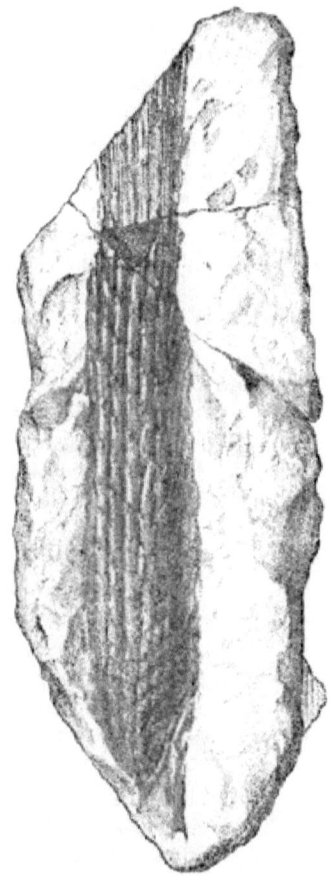

Fig. 67.
Lepidostrobus? — Die an den Gipfeln der Wülste (Lepidophyllen?) angegebenen
kleinen *Stigmaria*-ähnlichen Male sind in der Zeichnung etwas zu prononcirt
wiedergegeben. — Ehemalige Schutthalden am Hafenkanal. — (Leg. Wolterstorff
12. X. 1892. S. M.)

man doch die Blüthen von *Ulodendron* als Kurz-Triebe auffassen. Bei der ganz allgemeinen Bevorzugung der Gabel-Verzweigungen bei den Lepidophyten habe ich nicht daran gezweifelt, dass die *Ulodendron*-Blüthen übergipfelte Gabelsprosse sind und diese Annahme findet nun, meines Erachtens, durch unser Stück, Fig. 62, eine Unterstützung. Ja bei demselben sehen wir sogar die beiden rudimentären Sprosse nicht in der Stellung der Kreuz-Gabelung, die für die in der Luft lebenden Pflanzen die mechanisch nützlichere ist, sondern in zwei gegenüberliegenden Zeilen wie die Blüthen von *Ulodendron*, also insofern ein Zurückgehen auf die üblicherweise in einer Ebene vor sich gehende Gabel-Verzweigung bei den als Vorfahren der Landpflanzen anzunehmenden Wasserpflanzen. Auch die Megaphyten, die in unseren Culm-Revieren so bemerkenswerth hervortreten, bei denen es sich um eine zweizeilige Wedel-Stellung handelt, erinnern dadurch an die Herkunft aus dem Wasser [vergl. mein Lehrb. d. Pflanzenpal. (1897) 1899, S. 69]. Die zweckmässige Kreuz-Gabelung bei den Lepidophyten ist nach diesem Gedankengange so anzunehmen, dass die Gabelfussstücke je eine Drehung von 90 Grad gemacht haben gegen die darunter befindliche Gabel. Zuweilen ist die Drehung nicht oder nur unvollkommen ausgeführt worden, und solche Fälle zeigen, dass die erwähnte Ansicht von der Entstehung der Kreuzung der Gabelungen auf thatsächlichem Boden steht.

Im Zusammenhange mit dem beschriebenen Stück ist der Rest, Fig. 60, zu erwähnen. Es handelt sich in demselben offenbar um einen rudimentären Spross im *Knorria imbricata*-Zustand. Dass er nicht mehr im Zusammenhange mit dem Stamme, an welchem er sass, vorliegt, und die zwiebelartige Form des Restes erinnert an die Brutknospen (Bulbillen), wie sie bei dem recenten *Lycopodium Selago* vorkommen. Der Gedanke, dass unser Fossil eine Bulbille eines *Lepidodendron* sei, ist daher gewiss berechtigt.

Der zweifelhaftere Rest, Fig. 67, ist vielleicht ein *Lepidostrobus*. Im untersten Theil zeigt er bergerioide Sculptur, darüber mehr knorrioide, jeder »*Knorria*-Wulst« mit einem stigmarioiden kleinen Mal am Gipfel. Vielleicht sind diese Wülste *Lepidophyllen*.

Vorkommen: Knorrien und auch Bergerien, namentlich erstere, sind an fast allen Fundpunkten in unserem Culm so häufig, dass eine besondere Vorführung der Vorkommen sich nicht lohnt; im Harz sowohl wie im Magdeburgischen gehören die Knorrien zu den häufigsten Resten.

Wir gehen nun auf die Lepidodendraceen-Reste ein, die sich mehr oder minder gut als besondere Species erkennen lassen.

Lepidodendron Volkmannianum.

Lepidodendron Volkmannianum STERNBG.[1]), 1825, S. X, Taf. LIII, Fig. 3.
Sagenaria Volkmaniana (STERNBG.) PRESL bei ROEM., 1850, S. 46.
  » *Roemeriana* GÖPPERT, 1851, S. 195 und 1852, S. 184.
  » *concinna* RÖMER, 1860, S. 10.

Fig. 68—71.

Die vorliegenden Stücke sind durch die nach unten auslaufenden, meist nicht von den senkrecht darunter befindlichen abgegrenzten Polster leicht als *L. Volkmannianum* zu bestimmen. Interessant ist besonders das Stück, Fig. 71, durch die schön entwickelten Wechselzonen, über deren Bedeutung bei den Lepido-

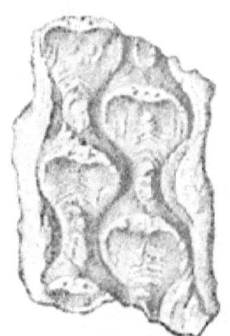

Fig. 68.
Lepidodendron Volkmannianum. — Nach einem Wachsabguss des Originals, welches ein Negativ ist. — Grund im Harz (S. Bm. C.?).

[1]) und zwar incl. *Sagenaria affinis* PRESL in STERNB., Versuch II, 1833—38, S. 180 (*Lepidodendron affine* UNGER, Synopsis plant. foss., 1845, S. 151), nach dem Original PRESL-STERNBERG's, das ich im Museum des Königreichs Böhmen in Prag gesehen habe.

phyten ich u. A. in meinem Lehrbuch S. 251 und 255 das Nöthige gesagt habe. Hier sei nur zur Warnung vor Bestimmungen nur kleiner, von den sonst in einer Schicht vorkommenden Arten ab-

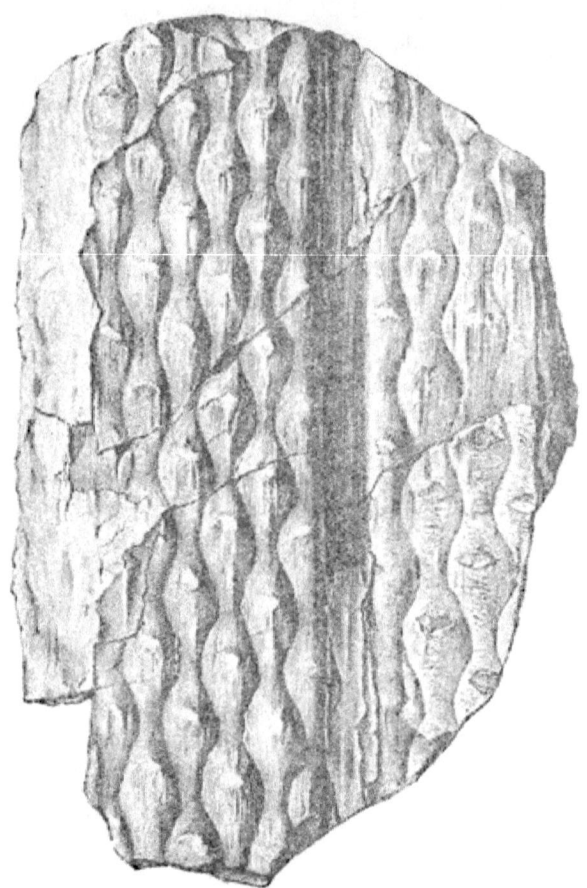

Fig. 69.
Lepidodendron Volkmannianum. — Culm-Grauwacke von Lautenthal im Harz
(Göttinger Sammlung?)

weichenden Stücken als zu anderen »Arten« gehörig, darauf hingewiesen, dass ein Rest nur mit Polstern wie die klein- und fast quadratisch-polstrige Zone des Exemplares Fig. 71, bei welchem überdies die Polster alle im Gegensatz zu den grossen Polstern allseitig abgegrenzt erscheinen, leicht irrthümlich als zu einer ganz und gar von *Lepidodendron Volkmannianum* abweichenden Art gestellt werden könnte.

Von der Species liegen nicht viele Stücke vor; die besten derselben sind in unseren Figuren zur Anschauung gelangt. Nur

Fig. 70.
Lepidodendron Volkmannianum. — Culm-Grauwacke vom Bauersberg bei Graud im Oberharz (S. Z.!).

Fig. 71.
Lepidodendron Volkmannianum mit Wechselzonen. — Culm von Magdeburg (Sammlung STRUNTAU in der S. H.!).

das Stück Fig. 68 zeigt eine vollkommen erhaltene epidermale Oberfläche, während das sonst ebenfalls schöne Stück Fig. 69, diese Oberfläche nur partiell (rechts unten) und minder gut darbietet. Sonst nähern sich die Reste mehr oder minder dem *Bergeria*-Erhaltungszustand, kehren also wiederum den allochthonen Charakter hervor.

Vorkommen: Harz: Grund, Pochthal bei Clausthal (beide Fundorte S. Bm. C.!). — Lautenthal (S. Göttingen!).

Im Magdeburgischen: [näherer Fundort unbekannt (vergl. Fig. 71) S. H.! und Provinzial-Museum Hannover!].

Lepidodendron Veltheimii.

Lepidodendron Veltheimii STERNBERG, 1825, S. 43.
      »   *Veltheimianum* STERNBG., 1825, S. XII.
Sagenaria Veltheimiana (STERNBG.) PRESL. in STERNBG. II, 1833—38, S. 180.
?   *geniculata* ROEM., 1850, S. 46.
   »   *elliptica* GÖPP., 1852, S. 184, Taf. XLIII, Fig. 7; und *S. elliptica* GÖPP. bei LUDWIG, 1869, S. 122, Taf. XXVI, Fig. 1—1d.

Fig. 72—76.

Als ich S. 42 meiner »Florist. Glied.« (1896) die Nothwendigkeit einer Revision des wichtigen *Lepidodendron Veltheimii* betonte, da die Species kaum von manchen Stücken des *L. aculeatum* STERNB. und *L. rimosum* STERNB., beide jüngeren Floren angehörend, zu unterscheiden sei, vermuthete ich nicht, dass ich selbst schon so bald diese Revision würde zu versuchen haben[1]).

Der damalige Berghauptmann v. VELTHEIM, nach welchem unser *Lepidodendron* benannt ist, hatte bei Hundisburg seinen Wohnsitz und daher leicht Gelegenheit, aus dem Culm des Magdeburgischen, speciell bei Hundisburg Pflanzen-Reste zu erwerben. Von ihm hat STERNBERG den Rest, den er für seine Beschreibung und Abbildung zu Grunde legte, erhalten. Die Stücke aus dem Culm des Magdeburgischen können also bei einer Revision der wichtigen Art allein in Betracht kommen: hier haben wir es mit der eigentlichen, typischen Art zu thun. Mir liegen von hier mehrere

---

[1]) Die Revision beschränkt sich jedoch ausschliesslich auf eine Beschreibung der Stücke aus unserer Flora des Harzer und Magdeburger Culm und geht nicht auf einen Vergleich der Culm-Species mit denjenigen der wie *L. Veltheimii* behänderten Species jüngerer Horizonte (des prod. Carbon) ein. Diesen Vergleich wird Herr Oberlehrer FRANZ FISCHER in einer Monographie der Lepidodendraceen-Arten ziehen, die er auf der Kgl. Preuss. Geolog. Landesanstalt in Bearbeitung hat.

schöne Stücke vor, eines aus der S. H. (ded. v. VELTHEIM), ein anderes aus der S. M. (leg. WOLTERSTORFF) und mehrere aus der S. B.² (Sammlung v. WERDER), ferner ein Stück aus der S. H.: ein Positiv mit stark hervorgewölbten Polstern aber fehlender Oberhaut (alle diese von Magdeburg) und endlich ein Stück von Hundisburg (S. B.¹, ded. E. SCHULTZ): ein Negativ, die Polster

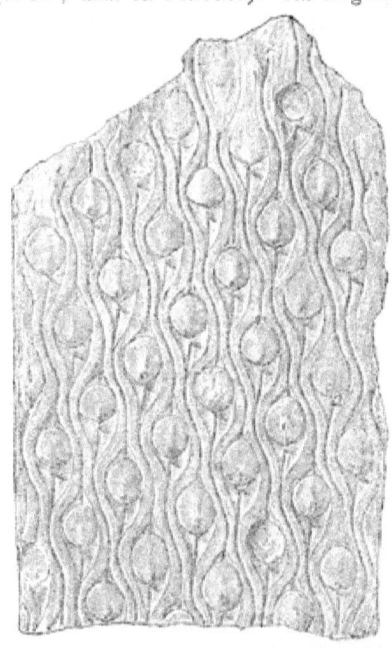

Fig. 72.
Lepidodendron Veltheimii in einem besonderen *Aspidiaria*-Erhaltungs-Zustand. — Hafenkanal an der Eisenbahnbrücke zu Neustadt-Magdeburg (leg. WOLTERSTORFF, 1892. S. M.)

nicht besonders gut erhalten, aber doch so, dass die Blattnarben-Contour ganz deutlich ist.

Was zunächst die Namengebung des Fossils anbetrifft, so ist der Name *L. Veltheimii* der geeignetere. STERNBERG selbst sagt in der Beschreibung *L. Veltheimianum*, in der Tafel-Erklärung jedoch *L. Veltheimii*. Die Gründe für die Anwendung der letztgenannten Bezeichnung ergeben sich — abgesehen davon, dass der kürzere Name so wie so vorzuziehen ist — aus der Anmerkung auf S. 19—20 meiner Flora des Rothliegenden von Thüringen, 1893.

Die Figur STERNBERG's bietet einen Abdruck der epidermalen Stamm-Oberfläche, also ein Negativ, und zwar in einem besonderen Erhaltungszustand, der genau derselbe ist wie der von drei mir vorliegenden Stücken. Es handelt sich um einen *Aspidiaria*-Zustand (Lehrb. d. Pflanzenpal., 1899, S. 224), der sich jedoch von dem üblichen der Lepidodendren des productiven Carbons dadurch unterscheidet als nicht das ganze Polsterfeld von einem rhombischen *Aspidiaria*-Gesteins-Wulst erfüllt ist, sondern nur die obere Hälfte, wie das unsere Fig. 72 schön zeigt. Der *Aspidiaria*-Wulst ist an den Exemplaren mehr oder minder kreisförmig, hat also die Gesammt-Gestalt einer Linse und wir sehen in der Nähe des unteren Randes eine punktförmige Vertiefung, welche der Durchtrittsstelle der schräg nach aufwärts zur bedeckten Blattnarbe verlaufenden Blattspur entspricht. Die Linse ist der »runde Mittelschild« STERNBERG's, der die Natur dieses Gebildes gänzlich verkannt hat, da er dasselbe in unklarer Vorstellung als aus zwei »Drüsen« entstanden annehmen möchte.

Ausser diesem merkwürdigen *Aspidiaria*-Zustand — der, wenn er auch selten ist, doch gelegentlich auch an *Lepidodendron*-Exemplaren aus dem productiven Carbon zu beobachten ist[1]) — kommt an den vorliegenden Resten unserer Species auch der übliche *Aspidiaria*-Erhaltungs-Zustand vor, wie die Fig. 75 erläutert, in der bei a einige solche Polster vorhanden sind.

Unsere Fig. 73 ist nach einem Wachsabguss des Originals gezeichnet. Die auch hier linsenförmigen *Aspidiaria*-Wülste sind an diesem Exemplar nicht so auffällig, sondern überhaupt nur in Andeutungen und überdies nur an den Polstern der linken Hälfte des Abgusses hier und da entwickelt; sie erscheinen hier natur-

---

[1]) Ein solches Exemplar sah ich Sept. 1901 im Museum of Natural History (British Museum) in London von den coal-measures von Dudley in England. Vergl. ein ähnliches *Lepidodendron appendiculatum* STERNBG.) bei STERNBERG 1821, T. XXVIII.

gemäss als flache, schüsselförmige und zwar mehr der Narbenform
entsprechende rhombische Einsenkungen. Dieses Stück ist also
am besten geeignet über die Gestaltungs-Verhältnisse der Rinden-
Oberfläche unserer Art zu orientiren. Leider aber ist die feinere

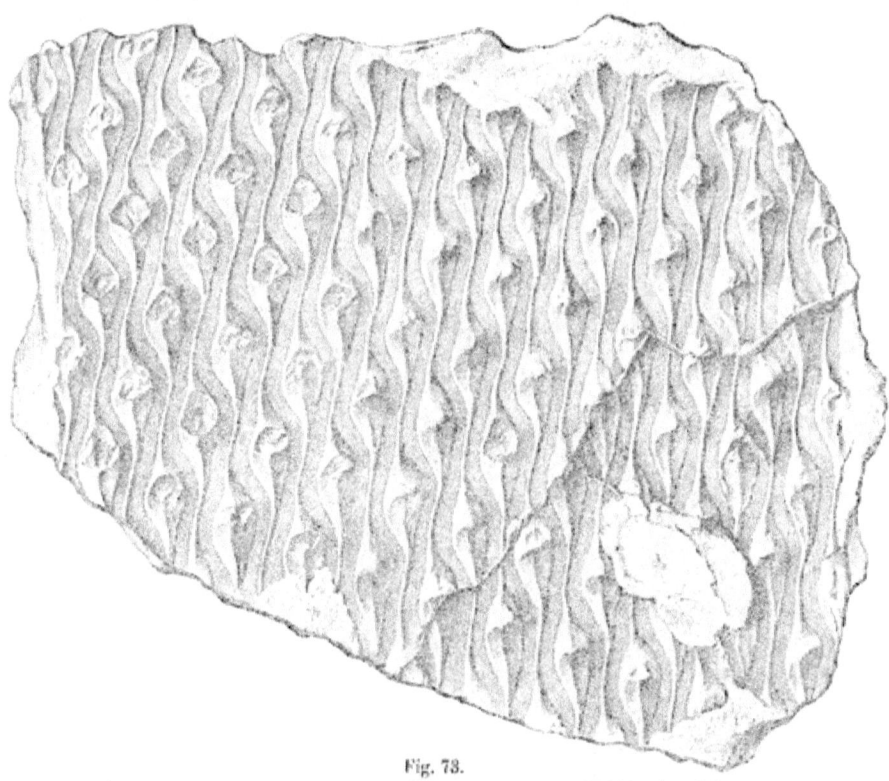

Fig. 73.
Lepidodendron Veltheimii nach einem Wachsabguss des als Hohldruck erhaltenen
Originals. — Magdeburg. — (ded. v. Veltheim, S. H.?)

Sculptur der Polster — wie dies bei allochthonen Resten begreiflich
ist — nicht eruirbar, so sind auch die an derselben vielleicht vorhanden gewesenen Transpirations-Oeffnungen, die Querriefung der
Medianlinie unter der Narbe und die Ausbildung und Stellung der

Närbchen in der letzteren (vergl. die Fig. 42, S. 43 meiner Florist. Glied., 1896 oder Fig. 217 meines Lehrbuches, welche einen Rest aus dem Culm von Kombach bei Biedenkopf darstellt) nicht zu sehen. Jedes der stark hervorgewölbten Polster geht als Fortsetzung der erwähnten kantenförmigen Mediane in eine starke, hervortretende Linie aus, welche sich genau in der Mitte durch die beiden nächst unteren Polster hindurchschlängelnd den Gipfel des darauffolgenden unteren Polsters erreicht, in welchem die die oberen Polster-

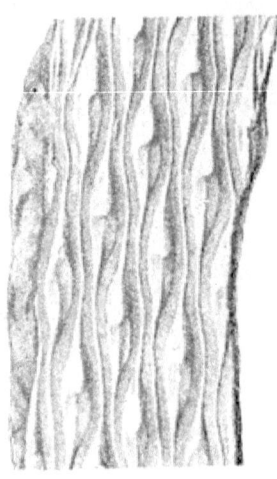

Fig. 74.
Lepidodendron Veltheimii. — Culmgrauwacke bei Magdeburg. — Gezeichnet nach einem Wachsabguss des Originals, das ein Hohldruck ist. — (Prov.-Mus. zu Hannover.)

Wangen trennende Mediane die Fortsetzung bildet. Dadurch entstehen breite Bänder, die die Polsterlängszeilen säuberlich von einander trennen, Bänder, die besonders an Negativen sehr auffallend hervortreten. Soweit unsere und bessere Stücke anderer Fundpunkte Auskunft geben, sind diese Bänder glatt. Ueber den Blattnarben sieht man hier und da eine punktförmige Einsenkung, welche die Ligulargrube sein dürfte.

Ein in der S. II. befindliches weiteres Stück mit stark hervorgewölbten Polstern in positiver Ausbildung und andere Stücke ergeben auch nichts Weiteres, da hier die Oberhaut fehlt, das Stück sich also dem *Bergeria*-Zustand (Lehrbuch S. 223) nähert.

Einer gesprächsweise von Herrn Geheimrath VON FRITSCH geäusserten Meinung, dass die von STUR (1877, S. 269) mit *Ulodendron*-Schüsseln angegebenen und abgebildeten Reste des Culm einer anderen Art angehören dürften, gebe ich deshalb hier Raum, weil

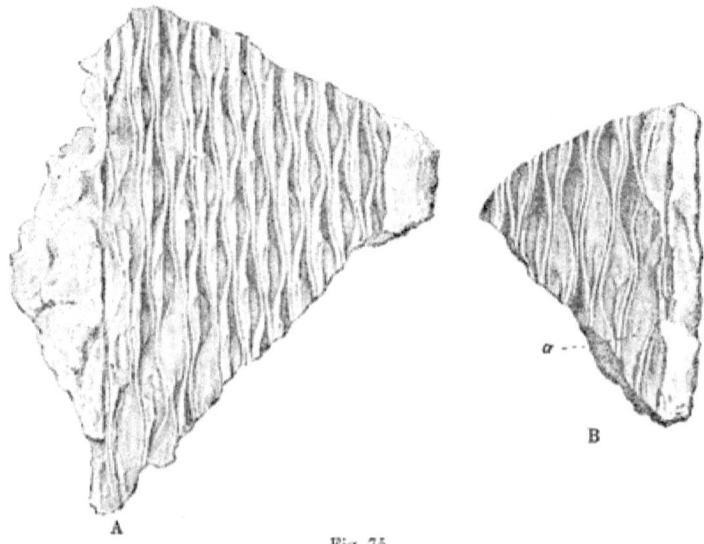

Fig. 75.

Lepidodendron Veltheimii. — A nach einem Wachsabguss, B unterste Ecke von A nach dem Original-Stück (Hohldruck), um den *Aspidiaria* - Zustand einiger der Polster, z. B. des Polsters a, besser erkennen zu lassen. — Aus dem »Regierungs-Steinbruch zwischen der Alt- und Neustadt von Magdeburg (Sammlung v. WERDER in S. B.?).

mir *Ulodendren* aus dem Culm des Harzes und von Magdeburg nicht bekannt geworden sind. STUR's Fig. 3, Taf. XXII, ein Stück mit *Ulodendron*-Schüsseln, zeigt die Bänder. Andere von diesem Autor abgebildete Stücke, so Taf. XIX, Fig. 5 und 6 sind bis auf Weiteres freilich bei dem Fehlen der so charakteristischen Bänder vielleicht einer anderen Art zuzurechnen.

Ueberblickt man sämmtliche mir vorliegenden Reste, so kommt man zu der Ueberzeugung, dass die Entstehung der Bänder eine Folge des nachträglichen Stamm-Dickenwachsthums ist, wesentlich zu einer Zeit, in der das Längen-Wachsthum bereits abgeschlossen war. Das geht daraus hervor, dass die Stücke, welche die brei-

Fig. 76.
Lepidodendron Veltheimii. — »Regierungs - Steinbruch« zwischen der Alt- und Neustadt von Magdeburg (Sammlung v. Wenden in der S. B.?!).

testen Bänder besitzen, auch durch eine grössere Polster-Breite ausgezeichnet sind. Unsere Fig. 75 zeigt kaum angedeutete Bänder und relativ langgestreckte Polster, auch in Fig. 76 sind noch die langgestreckten Polster bemerkenswerth und die Bänder haben dem entsprechend auch noch nicht die definitive Breite erlangt, erst Fig. 73 zeigt sehr breite Bänder und hiermit in Zusammenhang die Polster relativ breit. Sieht man diese 3 Reste nebeneinander, so ist ein Zweifel an ihrer specifischen Zusammengehörigkeit kaum möglich. Die Thatsache, dass an dem in jüngerem Alter zur Einbettung gelangten Stück, Fig. 75, die Polster absolut länger als an dem älteren Stück, Fig. 73, sind, kann daran nichts ändern, wenn wir in Berücksichtigung des Vorkommens von »Wechselzonen« bei den Lepidodendraceen (vergl. vorn unter *Lepidodendron Volkmannianum*, Fig. 71) bedenken, dass je nach den Ernährungs- und Witterungs-Verhältnissen die Länge der Polster von vorn herein bei ein und derselben Art stark variiren kann. Deshalb kann auch hieraus kein Grund entnommen werden, das länger polsterige Stück vom Biedenkopf (Lehrbuch, S. 222, Fig. 217), obwohl es dem Alters-Zustand unserer Fig. 72 entspricht, specifisch abzutrennen. Ueberdies bietet unser Stück aus der S. II., Fig. 73, in der genannten Beziehung einen Mittelzustand zwischen dem Stück aus der S. M., Fig. 72, und demjenigen vom Biedenkopf.

Anders ist es mit den Thatsachen, dass unser echtes *Lepidodendron Veltheimii* aus dem Magdeburgischen von dem Biedenkopfer Rest dadurch abweicht, dass letzterer 1. Transpirations-Oeffnungen und 2. eine Querriefung auf der Medianlinie des unteren Wangenpaares aufweist, während ich so etwas nirgends an den sämmtlichen, sicher zu unserer Art gehörigen Resten (vergl. jedoch hierzu *Lepidodendron Jaschei*, S. 162) aus dem Culm des Magdeburgischen bemerken kann. Von einer Querriefung der Medianlinie ist nirgends auch nicht einmal eine Spur vorhanden und schwache Andeutungen von Transpirations-Oeffnungen glaubt man nur hier und da, wenn man solche durchaus sucht, zu sehen. Das ist um so mehr hervorzuheben, als das schöne Stück vom Biedenkopf auch nur ein Negativ ist (meine Abbildung, l. c., ist nach einem Wachsabguss gefertigt) und das Gestein kein feineres Korn besitzt als das der Magdeburger Reste. Deshalb ist es opportun, vor der Hand die letzteren durch die Namens-Bezeichnung abzutrennen: wir bezeichnen sie als *Lepidodendron Veltheimii typica*, Reste wie den Biedenkopfer als *L. Veltheimii formosa*.

Von den vielen in unseren Culm-Revieren aufgefundenen Knorrien gehört zweifellos ein grosser Theil zu *L. Veltheimii*; es ist vor Allem nicht unwahrscheinlich, dass die hierhinter unter dem

Namen *Lepidodendron tylodendroides* zusammengefassten Reste zu *L. Veltheimii* gehören, worüber im nächsten Abschnitt S. 125 nachzulesen ist.

Vorkommen: Harz: Bauersberg bei Grund (S. Z.!), Lautenthal und Pochthal bei Clausthal (S. Bm. C.!) und ein wohl hierher zu rechnendes, aber nicht sicheres Restchen vom Innerstethal (S. Z.!).

Im Magdeburgischen: Magdeburg (S. B.?! Fig. 73 aus S. H! Fig. 74 aus Prov.-Mus. Hannover! Fig. 72 aus S. M.! ferner »Sternbergeum« in Prag!), Hundisburg (Sammlung E. Schultz in S. B.!!).

cf. Lepidodendron Jaschei oder acuminatum?
Fig. 77.

Ueber die beiden in der Ueberschrift genannten Arten ist auf Grund besserer Reste das Genügende zu ihrer Erkennung und der

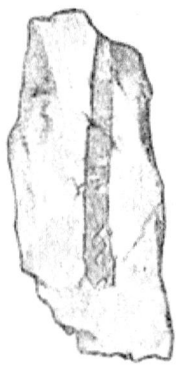

Fig. 77.
Lepidodendron cf. *Jaschei* oder *acuminatum?* — Lautenthal (S. Bm. C.!)

Unterscheidung von den anderen Arten weiter hinten S. 162—63 gesagt. Mit der Lupe betrachtet erschien mir der Fig. 77 abgebildete Rest zuerst zu *Lepidodendron Jaschei* zu gehören. Eingehenderes Studium zeigte aber, dass sich ohne zu grosse Phantasie eine vergrösserte Detaildarstellung der Polster nicht bewerkstelligen liess. Der Rest ist also sehr unsicher, durfte aber mit Rücksicht auf den Vergleich der Schichten, die die beiden genannten Arten in guten Exemplaren enthalten, nicht übergangen werden.

Vorkommen: Harz: Lautenthal (S. Bm. C.!).

Lepidodendron tylodendroides (= L. Veltheimii?).

Lepidodendron tylodendroides Pot.
Knorria imbricata Sternberg, 1825, im eigentlichsten, ursprünglichsten Sinne.
an *Aspidiaria attenuata* Görr., 1843.
» *Knorria Jugleri* Roem., 1843.
» » *polyphylla* Roem., 1843.
Knorria fusiformis Roem. 1850.
Sagenaria Veltheimiana Görr. 1859 non Presl.
»*Lepidodendron Veltheimianum?*« bei Schmalhausen, 1876. S. 287—288.
Lepidodendron fusiforme (Roem.) Pot., 1899, S. 370, non Unger, Gen. et sp. plant. foss. 1850, S. 257.
Lepidodendron imbricatum (Sternberg) Pot. in Nat. Pfl.-Fam. 1901, S. 726, non Sternberg 1823, S. 31 u. 1825, S. XII.
Fig. 78—94.

Zahlreiche Lepidodendraceen - Stamm - Steinkerne, die im *Knorria*- und *Bergeria*-Erhaltungs-Zustand, sowie in Uebergängen zu beiden Zuständen vorliegen und sich durch merkwürdige, an diejenigen von *Tylodendron* erinnernde, periodische, spindelförmige Anschwellungen auszeichnen, sind sowohl für den Culm des Harzes als auch des Magdeburgischen charakteristisch. Zunächst hielt ich die Auschwellungen für Abnormitäten, bis ich dann durch das so sehr häufige Auftreten derselben zu der Annahme gezwungen wurde, diese Bildung für etwas Normales, für etwas einer besonderen Species Charakteristisches anzusehen. Den Steinbrucharbeitern sind diese Gebilde bei ihrer Häufigkeit sehr wohl bekannt; wegen der fischförmigen Gestalt derselben (vergl. Fig. 81) werden sie von diesen ganz allgemein als »versteinerte Fische« bezeichnet. Stücke, wie Fig. 78, mit mehreren Anschwellungen, alle in verhältnissmässig gleichen Entfernungen von einander auftretend, liegen mir mehrfach vor.

Die fusiformen Anschwellungen zeigen nicht die Regelmässigkeit derjenigen von *Tylodendron*, deren Beziehung zum Gesammtaufbau der Pflanze jetzt genau bekannt ist (vergl. meine Abhandlung »Die fossile Pflanzen-Gattung Tylodendron«, im Jahrbuch d. kgl. preuss. geol. Landesanstalt für 1887 oder mein Lehrbuch der Pflanzenpal., 1899), vielmehr sind die Anschwellungen von *Lepidodendron tylodendroides* einmal nur andeutungsweise vorhanden, ein andermal auffallend in die Erscheinung tretend wie bei *Tylodendron* und dazwischen sind alle Uebergänge zu beobachten.

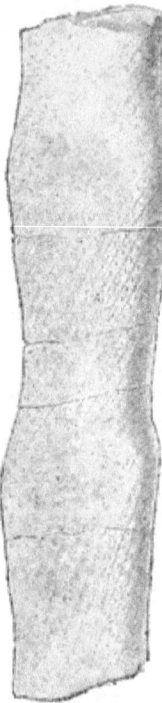

Fig. 78.
Lepidodendron tylodendroides im *Bergeria*-Erhaltungs-Zustand. In ¹/₂ der natürl. Grösse. — Culm-Grauwacke des Neustädter Hafens bei Magdeburg. (Aus POTONIÉ, Lehrb. S. M.!).

Auch hinsichtlich der Periodicität im Auftreten der Anschwellungen sind dieselben mit denen von *Tylodendron* nicht zu vergleichen, da sie bei *Lepidodendron tylodendroides* an gewissen Stellen einmal vorhanden sein, ein andermal auch fehlen können, wie unmittelbar oberhalb der Ansatzstelle des Stammes an die unterirdischen Organe. Unsere Fig. 90—94 bestätigen und veranschaulichen dies.

Obwohl die Epidermis nirgends mehr erhalten ist, so dass sich noch die genaue Sculptur der Polster erkennen liesse, unterliegt es doch nach der Gestaltung der *Bergeria*-Oberflächen kaum einem Zweifel, dass es sich in den Objecten um die Reste einer *Lepidodendron* - Species handelt; aus diesem Grunde, aber besonders deshalb, weil nicht nur *Knorria*, sondern daneben auch der *Bergeria*-Zustand, oft genug an einem und demselben Stück vereinigt vorliegt, man doch aber unmöglich ein und dieselbe Art oder gar ein und dasselbe Stück mit zwei verschiedenen »Gattungs-«

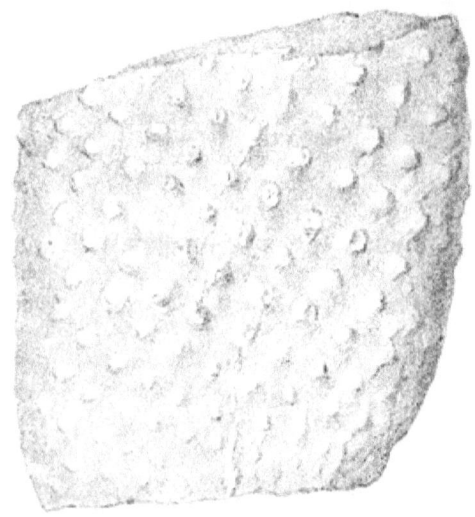

Fig. 79.
Lepidodendron tylodendroides im *Knorria*-Zustand mit stigmarioid erhaltenen Wülsten. — Magdeburg (S. B.¹).

Namen bezeichnen kann, habe ich in der Ueberschrift einen besonderen Namen für das interessante Fossil, nämlich *Lepidodendron tylodendroides* vorschlagen müssen.

Ueber die *Bergeria*-Sculptur unserer Art ist nichts Besonderes zu bemerken, unsere Fig. 78 u. ff. genügen zu ihrer Charakterisirung; vergl. auch Fig. 17 und 18, Taf. VII, bei ROEMER, 1850, S. 47.

Der *Knorria* - Erhaltungs - Zustand gehört meist zu *Knorria imbricata* STERNBERG, die dieser Autor nach einem Stück aus dem Magdeburger Culm aufgestellt hat, aber auch zu *Knorria Selloi*. Seine Figur, Taf. XXVII, stellt einen Steinkern dar, der bemer-

Fig. 80.
Lepidodendron tylodendroides im *Bergeria*-ähnlichen Zustand. — Neustadt-Magdeburg (S. B.!).

kenswerther Weise gerade eine mächtige Anschwellung zur Anschauung bringt, sodass STERNBERG's Bezeichnung *Knorria imbricata* der älteste wissenschaftliche Name für unser Fossil ist. Leider musste ich aber den ursprünglich geplanten Namen für dasselbe, *Lepidodendron imbricatum* (vergl. POT., Pfl.-Fam., S. 726), wieder fallen lassen, da diese Bezeichnung schon vergeben ist (vergl. Synonymenliste S. 125).

Das von SCHMALHAUSEN, l. c., Taf. III, Fig. 1, abgebildete Exemplar aus Ost-Sibirien ist — auch hinsichtlich der Anschwellung — die typische *Knorria imbricata* STERNBERG's. Dieses

Fig. 81.
Lepidodendron glodendroides im *Knorria-Schloi-* (in tieferer Lage) und *Bergeria* (in höherer Lage, am Rande) Erhaltungs-Zustand — Hunslisburg (S. M.!).

Exemplar ist an einer Stelle der *Knorria*-Wülste beraubt und zeigt hier eine einer tieferen Lage des Fossils angehörige Sculptur und zwar die *Aspidiopsis*-Sculptur (vergl. mein Lehrbuch, 1899, S. 227—228). — Die von uns gebotenen Figuren zeigen wie Fig. 83 zum Theil noch eine dicke, kohlige Rinde, deren schwach rhombisch-lepidodendroid gepolsterte epidermale Oberfläche jedoch leider keine hinreichende Auskunft über die genaue Sculptur der

130 Culm.

Fig. 82.
Lepidodendron tylodendroides im *Knorria Sellox × imbricata*-Zustand. — Wildemann
(Schwarzewald) im Harz. — (Sammlung Armester!).

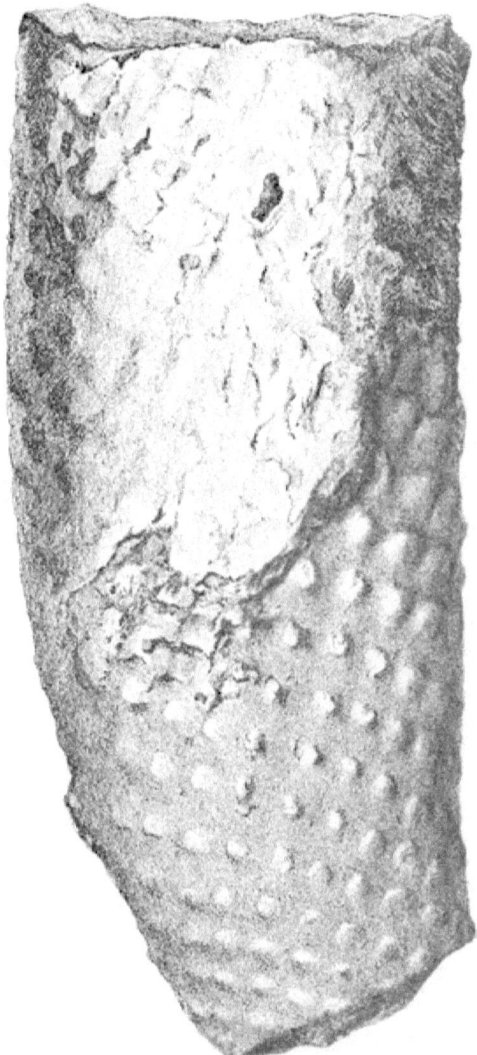

Fig. 83.
Lepidodendron tylodendroides, oben zum Theil noch mit einer dicken, kohligen Rinde, die eine ganz schwache lepidodendroide Felderung zu erkennen giebt.
Magdeburg (S. 11.).

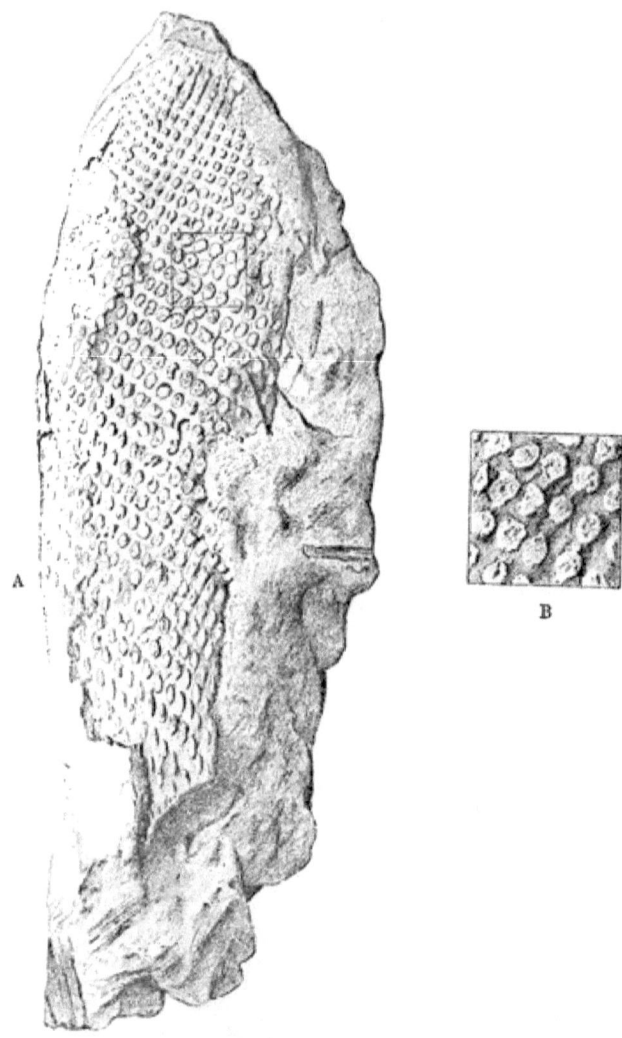

Fig. 84.
Lepidodendron tylodendroides in ½ der natürl. Grösse. Rechts das in der Hauptfigur quadratisch umzogene Oberflächen-Stückchen in ¹/₁. — Magdeburg (S. B.¹²).

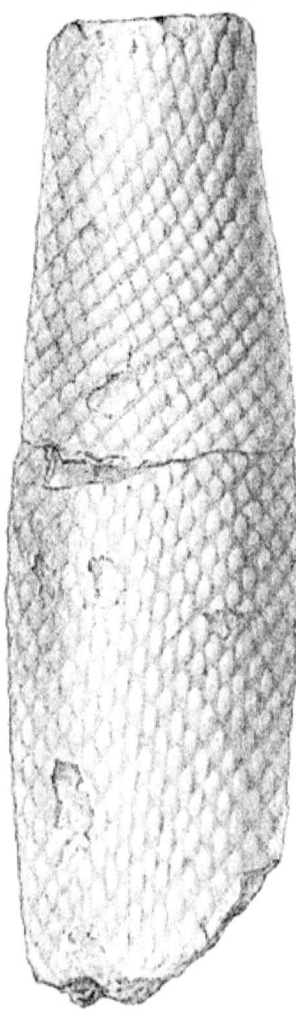

Fig. 85.
Lepidodendron tylodendroides im *Bergeria*- bis *Knorria imbricata*-Zustand. Anschwellung mit Wechselzonen. — Olvenstedt bei Magdeburg (S. M.).

Polster und Narben mehr giebt; unter dieser Rinde erscheint
der Steinkern mit *Knorria imbricata*- bis *K. Sellovi*-Wülsten. Die
Felderung auf der epidermalen Fläche genügt aber, um in Zusammenhang mit den sonstigen Vorkommnissen im Culm zu begründen, dass unsere Art mit den Anschwellungen nur zu *Lepidodendron* gehören kann. Hierzu kommt noch, dass der von

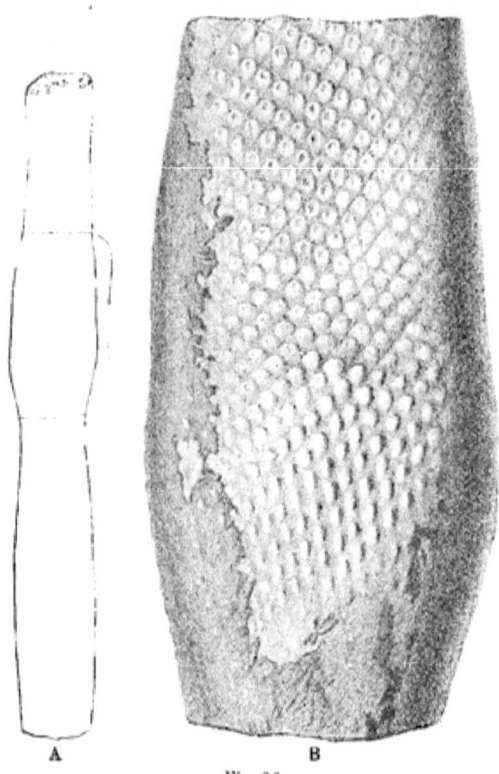

Fig. 86.

Lepidodendron tylodendroides. — A in $1/4$ der natürl. Grösse, B = die mit der
Klammer bezeichnete Anschwellung des Stückes A in $1/1$ der natürl. Grösse. —
Culmgrauwacke von Lautenthal im Harz. — (Grossherzogliches Museum zu
Darmstadt.)

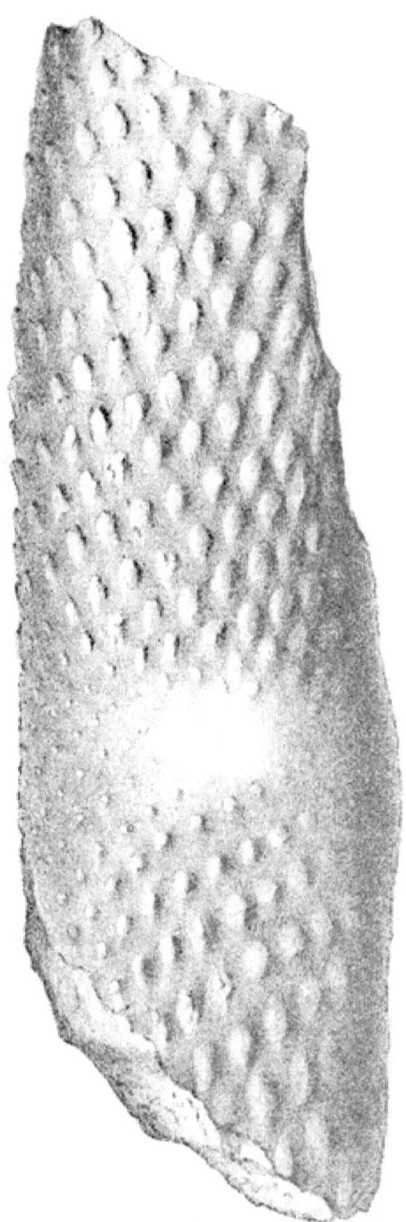

Fig. 87.
Lepidodendron tylodendroides mit Wechselzonen; die Zone mit engeren Malen resp. *Knorria*-Wülsten befindet sich am oberen Theil der Anschwellung. — Innerstethal bei Wildemann im Harz (!).

ROEMER (1843, S. 2, Taf. I, Fig. 9) als *Aspidiaria attenuata* GÖPPERT bekannt gegebene Rest - der wohl, wie sich aus der Richtung der *Knorria*-Wülste ergiebt, die das Stück zur Hälfte bekleiden, verkehrt gezeichnet ist — in der anderen Hälfte ebenfalls typisch lepidodendroide Polsterung und zwar im *Bergeria*-Erhaltungs-Zustand besitzt. Dass dieses Stück zu *Lepidodendron tylodendroides* gehören dürfte, ergiebt sich aus der Andeutung einer Anschwellung durch Verjüngung des Stückes nach der einen Seite hin. Unsere Fig. 89 insbesondere kann bei der durchaus typisch

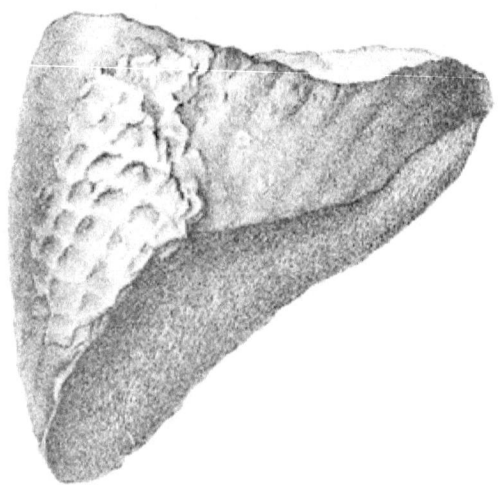

Fig. 88.
Lepidodendron tylodendroides mit *Bergeria* und lepidodendroid gepolsterter Oberfläche. — Wildemann (Schwarzewald) im Harz (Sammlung ARNSTEIN?).

lepidodendroiden Form der freilich sonst ramponirten Polster, die so langgestreckt sind, wie es überhaupt nur bei *Lepidodendron* bekannt ist, gar keinen Zweifel aufkommen lassen, dass es sich in diesem Rest wirklich um die letztgenannte Gattung handelt. Andere von den abgebildeten Resten zeigen allerdings kurze *Bergeria*-Wülste resp. niedrige und dabei breite Polsterfelder (vergl. besonders Fig. 88) und erinnern dadurch an den subepidermalen Erhaltungs-Zustand von *Lepidophloios*, an eine Gattung, die in unserem Culm neben *Lepidodendron* vorkommt. Es ist jedoch zu bedenken, dass wohl so kurze Polster bei *Lepidodendron*, jedoch nicht so lange Polster, wie sie der Rest, Fig. 89 aufweist, bei *Lepidophloios* vorkommen; überdies ist das Vorhandensein kurzer und langer Polster an Resten ein und derselben Species nichts Seltenes, wofür z. B. der

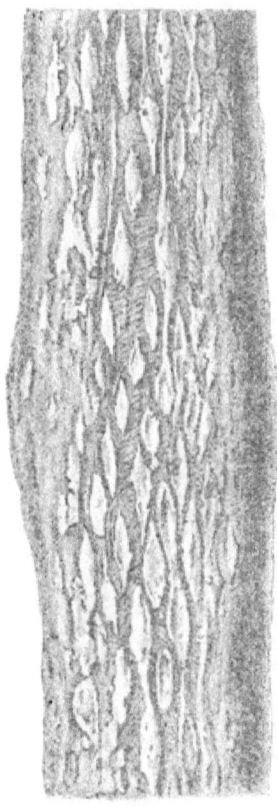

Fig. 89.
Lepidodendron tylodendroides, wohl = *Lepidodendron Veltheimi*. — Wildemann im Innerstethal. (Leg. Rittmeyer. Sammlung Braunschweig.)

Fig. 71 abgebildete Rest von *Lepidodendron Volkmannianum* ein Beispiel abgiebt (vergl. meine Abhandlung: Die Wechselzonen-Bildung der Sigillariaceen«, im Jahrbuch der kgl. geol. Landesanstalt für 1893, oder mein Lehrbuch der Pflanzenpal., 1899). Haben wir also Erhaltungs-Zustände wie bei *Lepidodendron tylodendroides*, von denen der grössere Theil — z. B. auch durch die

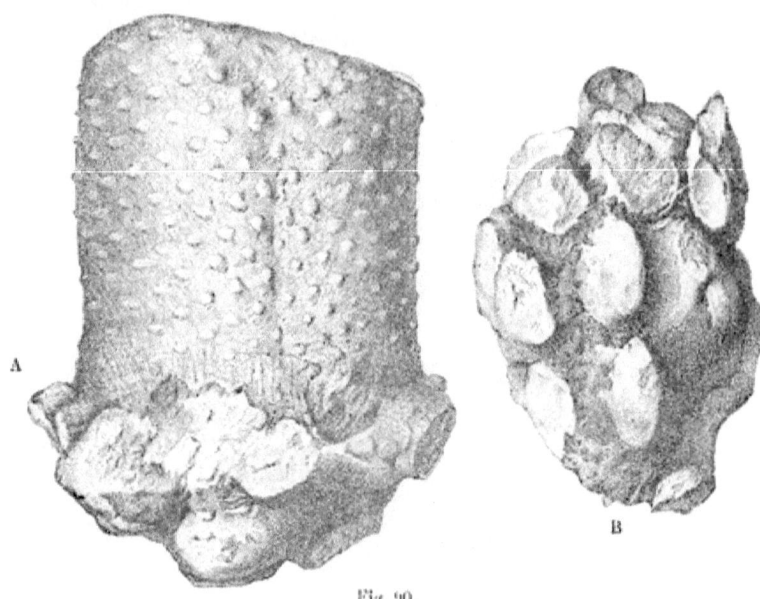

Fig. 90.

Lepidodendron tylodendroides. A im *Knorria Selloi*-Erhaltungs-Zustand und mit den Basalstücken der unterirdischen Organe. B das Exemplar von unten gesehen, um die *Stigmariopsis*-ähnliche Häufung der unterirdischen Organe zu zeigen. — Steinbruch westlich Wildemann im Harz. — (ded. Erich Harbort. S B.!!).

Ausbildung der *Knorria*-Wülste — auf eine *Lepidodendron*-Polsterung hinweist, der kleinere sich aber auch als subepidermaler Zustand von *Lepidophloios* deuten liesse, so bleibt bis jetzt aus den angegebenen Gründen nichts als die Annahme möglich, dass es sich um eine *Lepidodendron*-Art handele, und diese Annahme wird dadurch ganz wesentlich unterstützt, dass mir einige

Stücke von *Lepidodendron tylodendroides* thatsächlich vorliegen, wie das Fig. 85 abgebildete Stück im *Knorria*- bis *Bergeria*-Erhaltungs-Zustand, an dem die mehr bergerische Zone (am oberen Ende der Anschwellung) kurzen Polstern entspricht, während die *Knorria*-Wülste darüber und darunter durchaus langen Polstern entsprechen, und ferner wie ein der Braunschweiger Sammlung gehöriger Rest auch im *Knorria*-Zustand, an dem sich ebenfalls an der oberen Partie der unregelmässigen Anschwellung eine Zone befindet, die ohne Kenntniss des ganzen Stückes auch auf *Lepidophloios* bezogen werden könnte. Die Beweggründe, unsere durch ihre Anschwellungen merkwürdigen Reste zu *Lepidodendron* zu stellen, sind also sehr triftige. Ausschlaggebend scheint mir aber der Fig. 89 abgebildete Rest zu sein; ja die ramponirten Polster sind an dem Rest doch noch so weit erhalten, dass eine Bestimmung speciell als *Lepidodendron Veltheimii* kaum Anstoss erregen dürfte. Vor Allem sind die Bänder zwischen den in diesem Falle langgestreckten Polstern ganz deutlich und ferner stellenweise die charakteristischen schwanzförmigen Fortsetzungen der Polster, die bei *L. Veltheimii* die einzelnen übereinander stehenden Polster mit einander verbinden; vergl. Fig. 73. Danach ist die Wahrscheinlichkeit, dass es sich in *Lepidodendron tylodendroides* um weiter nichts als um *L. Veltheimii* handelt, eine sehr grosse, doch scheint es mir zweckdienlicher, diese beiden »Species« vorläufig getrennt zu lassen, bis sich ein unwiderleglicher Beweis für die specifische Zusammengehörigkeit findet.

Erst wenn einmal ein glücklicher Fund mit genügend erhaltener epidermaler Sculptur vorliegen wird, wird also definitiv entschieden werden können, ob unsere Art sich specifisch aufrecht erhalten lässt, oder ob sie etwa — wie übrigens schon frühere Autoren (GÖPPERT) von *Knorria*-Resten mit Anschwellungen meinten — zu einer der anderen culmischen *Lepidodendron*-Arten, also vor Allem, wie das höchst wahrscheinlich ist, zu *L. Veltheimii* gehört.

Wir kennen nach dem Vorausgehenden *Lepidodendron tylodendroides* bis jetzt in den folgenden Erhaltungs-Zuständen:

1. In lepidodendroid gefelderten, schlecht erhaltenen Oberflächen, die zum Theil sehr an diejenigen von *Lepidodendron Veltheimii* erinnern:

Fig. 91.
Lepidodendron tylodendroides. Stammbasaltheil mit den Abgangsstellen der unterirdischen Organe. — Magdeburg (S. B.?).

Fig. 92.
Lepidodendron tylodendroides mit mehr oder minder stigmarioiden Wülsten, unten mit Abgängen der unterirdischen Organe. — Wildemann (Schwarzewald) im Harz (S. B.[1]).

2. in *Bergeria*-Form;

3. im *Knorria*-Zustand und zwar als typische *Knorria imbricata* und *Knorria Selloi*, sowie stigmarioid erhaltene Wülste;

4. im *Aspidiopsis*-Zustand;

5. die unterirdischen Organe in ihren Abgangsstellen vom Stamm, von denen noch die Rede sein wird.

Um eine Deutung der merkwürdigen spindelförmigen Anschwellungen von *Lepidodendron tylodendroides* zu gewinnen, ist vielleicht der folgende Gedankengang geeignet.

Fig. 93.
Lepidodendron tylodendroides mit *Knorria imbricata*- und stigmarioid erhaltenen Wülsten. Unten mit den Basaltheilen der unterirdischen Organe. — Magdeburg. (Collection v. Wender in der S. B.?!)

Das Fossil Fig. 62 (vergl. S. 109—112) zeigt uns, dass gelegentlich Sprosse wohl angelegt werden aber nicht zur ausgiebigen, normalen Entwickelung kommen; dadurch erhält ein Stamm partiell und wie in dem herangezogenen Fall periodisch dickere Theile: er erscheint angeschwollen. An den normal gegabelten Spross-

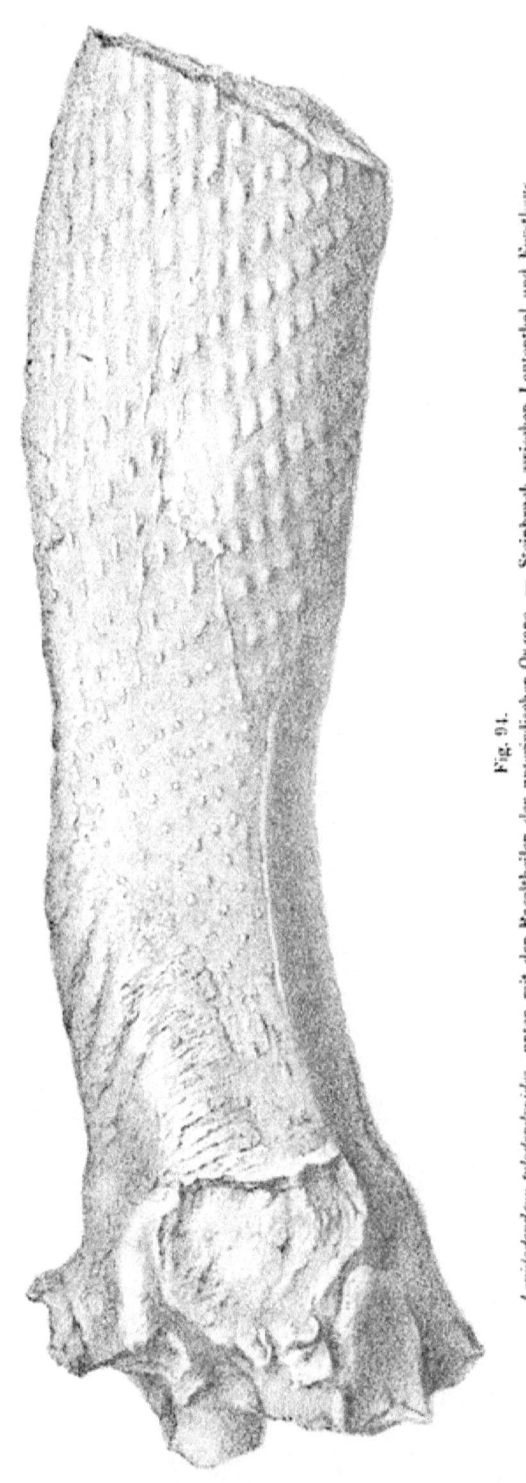

Fig. 91.

Lepidodendron tylodendroides, unten mit den Basaltheilen der unterirdischen Organe. — Steinbruch zwischen Laurenthal und Forsthaus Lindthal (= Trogthaler Steinbruch) im Harz. (Sammlung Aswerus).

Systemen ist ferner gelegentlich zu bemerken, dass sie an den Abgangsstellen der Gabel-Zweige etwas anschwellen. Stellen wir die in Betracht kommenden Fälle in eine Reihe, so hätten wir:

1. *Lepidodendron tylodendroides*: mit Anschwellungen;

2. den *Lepidodendron*-Rest, bei welchem die Anschwellungen sich aus dem Vorhandensein rudimentärer Zweige erklären;

3. Normal gegabelte, jüngere *Lepidodendron*-Spross-Systeme: unter jeder Gabel die Andeutung einer gelinden Anschwellung. In der That sind es schwächere Spross-Systeme, welche diese Erscheinung zeigen, die sich also im Verlauf des Dickenwachsthums ausgleicht.

Durch den tiefen Schlitz, der die beiden Gabeln bei unseren *Lepidodendron*-Zweig-Resten von einander trennt (S. 102), der wenigstens in Andeutungen sich auch noch bei sehr starken Resten markiren kann (vergl. Fig. 19 in meiner Erläuterung zur Wandtafel 1899), ergiebt sich, dass die jugendlichen Gabeläste (die Primordien) nicht von vornherein in dem später in die Erscheinung tretenden Winkel auseinanderspreizen, sondern zunächst beide als directe, gerade Fortsetzungen des Fussstückes eine kleine Strecke dicht an einander gedrängt nebeneinander wachsen (vergl. hierzu Fig. 61 bei 2). Bleiben beide dauernd gleichstark, so winkeln sie auseinander und es entsteht eine Gabel; andernfalls setzt der eine die Gerade fort und der andere bleibt rudimentär, Fig. 62, oder wird doch übergipfelt, wie der oberste, kurz-verbrochene Gabelast des Stückes Fig. 62 durch seinen Schwester-Gabelast. Wird jedoch nur gewissermaassen ein Anlauf zur Erzeugung einer Gabel-Verzweigung genommen, so tritt ein rudimentärer Spross gar nicht in die Erscheinung, sondern wir erblicken nur eine Anschwellung: dies könnte bei den Spindeln von *Lepidodendron tylodendroides* der Fall sein, wo wir dann die Verzweigung latent in diesen Anschwellungen zu sehen hätten. Damit hätten wir dann in den Spross-Stücken von *Lepidodendron tylodendroides* von je einer Anschwellung bis zur nächstfolgenden ein von dem darüber folgenden und dem darunter befindlichen morphologisch einheitliches Stück und in dem Ganzen ein dichopodiales Sympodium zu sehen. An Zweigabgängen sind Anschwellungen an jugendlichen Sprossen häufig: stehen doch die

Tylodendron-Anschwellungen des Markes der *Walchia*- und der recenten *Araucaria*-Arten ebenfalls mit den gerade aussen an diesen Stellen ansitzenden Zweigen in Beziehung.

Wiederholt sind mir Stücke begegnet, denen die Stümpfe der unterirdischen Organe noch ansitzen. Ich habe dieselben in den Fig. 90—94 zur Anschauung gebracht.

So ist der Rest Fig. 90 dadurch bemerkenswerth, dass er in seinem unteren Theile dickwulstige, verbrochene Vorsprünge zeigt, die die Abgangsstellen der unterirdischen Organe sein müssen. Es lassen sich gegen 15 solcher mehr oder minder dicht an ihren Abgangsstellen abgebrochene Vorsprünge constatiren, die den ganzen unteren Theil des Stückes gleichmässig, dicht gedrängt besetzen, wodurch der Anblick von dem üblichen der Stigmarien abweicht und mehr an den von *Stigmariopsis*, den unterirdischen Organen obercarbonischer Sigillarien, erinnert. Mögen auch an diesem Stück die unterirdischen Organe sich durch stricte Gabelung entwickeln, so ist doch davon in dem vorliegenden Zustande nichts mehr zu sehen; die Gabelungen müssten in sehr schneller, dichter Aufeinanderfolge bei der Entwickelung vor sich gehen, wie man das ja bei *Stigmariopsis* noch feststellen kann. Ueber *Stigmariopsis* habe ich Uebersichtliches in der Bearbeitung der Lepidophyten in ENGLER's Natürlichen Pflanzenfamilien I, 4 (Leipzig 1901) gegeben. Ich füge hier für unseren Fall hinzu, dass ich bei einem Besuch der Hauptfundstelle von *Stigmariopsis*, in den Steinbrüchen im productiven Carbon von St. Étienne, unter der Führung des Herrn C. GRAND' EURY im Jahre 1900 *Sigillaria*-(*Syringodendron*-)Exemplare gesehen habe, die an der Berührungsstelle des Stamm-Stumpfes mit der *Stigmariopsis* Anschwellungen zeigten, die mich lebhaft an die Anschwellungen der Stämme unseres Culm-Fossils erinnerten. Auch an unserem Fossil, dem *Lepidodendron tylodendroides*, kann man bemerken, dass in vielen Fällen die erste Anschwellung unmittelbar über dem *Stigmariopsis*-ähnlichen Fuss der Pflanze, Fig. 91 und 93, vorhanden ist.

Vorkommen: Aus dem Culm des Oberharzes — namentlich aus dem Steinbruch am Bauersberg bei Wiemannsbucht bei Grund (!) und den Steinbrüchen u. s. w. der Umgegend von

Clausthal-Zellerfeld (!) — sind mir an Ort und Stelle und aus allen grösseren Sammlungen eine grosse Anzahl Stücke mit den charakteristischen Anschwellungen bekannt geworden, ebenso aus den Culm-Grauwacken-Steinbrüchen des Magdeburgischen (Hundisburg! Olvenstedt! namentlich vom Hafen zu Neustadt-Magdeburg!).

(GOEPPERT bildet 1859, Taf. 41, Fig. 2 die Art aus der »jüngsten Grauwacke bei Leiswitz bei Leobschütz«, also aus dem Culm von Oberschlesien ab und J. SCHMALHAUSEN l. c. aus Ost-Sibirien. Der Letztgenannte beschreibt hier Pflanzenreste aus den Flussgeschieben des Ogur, die er als zur »Ursa-Stufe« gehörig ansieht. Er giebt von diesem Fundpunkt bothrodendroide Reste u. a. zusammen mit unserem Lepidodendron tylodendroides an, sodass es den Eindruck macht, als sei hier eine Culm-Flora mit einer älteren gemischt. Da es sich nur um Geschiebe handelt und die Flora in anstehendem Gestein nicht bekannt ist, ist denn auch bei der Beurtheilung derselben besondere Vorsicht nöthig. Jedenfalls ergiebt sich, dass Lepidodendron tylodendroides ein weitverbreitetes, und wir können nach dem Bisherigen hinzufügen, leitendes Fossil für Culm ist.)

Lepidodendron cf. Rhodeanum STERNBERG.
Fig. 95.

Die Fig. 95 stellt einen Lepidodendron-Rest mit noch kenntlichen, wenn auch schlecht erhaltenen Polstern dar, die immerhin noch so viel zeigen, dass dieser Rest nicht gut zu Lepidodendron Veltheimii, an welche Species man zunächst denken könnte, gestellt werden kann. Denn bei der Grösse und Breite der Polster im Vergleich mit entsprechenden Stücken der genannten Species müsste unser Rest breite Bänder zwischen den Polstern aufweisen, die vielmehr eng aneinandergrenzen, wie das für die Hauptgruppe der Lepidodendron-Arten des Ober-Carbons, so z. B. für Lepidodendron obovatum STERNB. und L. dichotomum STERNBERG charakteristisch ist. Danach ist anzunehmen, dass in dem hier behandelten Culm-Revier auch Lepidodendren von obercarbonischem Typus vorhanden sind. Im Culm und unteren productiven Carbon ins-

besondere ist eine Species vorhanden, nämlich *L. Rhodeanum*
STERNBERG, die zunächst als Vergleich mit unserem Rest heranzuziehen wäre. Denn die Gestalt der Polster ist ganz diejenige
der üblichen Stücke von *L. Rhodeanum*, wie ein Vergleich mit
den Figuren bei J. G. RHODE (Beiträge 1820, Taf. I, Fig. 1),
GÖPPERT (Fl. d. Uebergangsgeb. 1852, Taf. XLIII, Fig. 5) und
STUR (1877, Taf. XXIV, Fig. 1, 2 und 3) lehrt. Bemerkenswerth
für *L. Rhodeanum* sind die sehr breiten, bis fast oder ganz an den

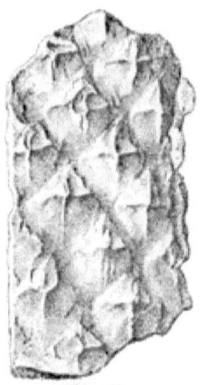

Fig. 95.
Lepidodendron (aff. *Rhodeanum*?) — »Regierungs-Steinbruch« zwischen der Alt-
und Neustadt von Magdeburg. — (Coll. v. WERDER. S. B.²!).

Polsterrand tretenden Blattnarben, und der grosse Querstrich der
die Polster unseres Restes, Fig. 95, in einen oberen und einen
unteren Theil abgrenzt, scheint mit der Blattnarbe zusammenzuhängen, die danach auch an unserem Stück sehr breit wäre.

Vorkommen: »Regierungs-Steinbruch« zwischen der Alt-
und Neustadt von Magdeburg (S. B.²!).

Lepidophloios STERNBERG.
Fig. 96—98.

Von *Lepidophloios* liegt das vergleichsweise gute Stück,
Fig. 96, mit deutlichen Blattfüssen vor. So schön erhalten, wie
man es an obercarbonischen Resten der Gattung kennt, ist das

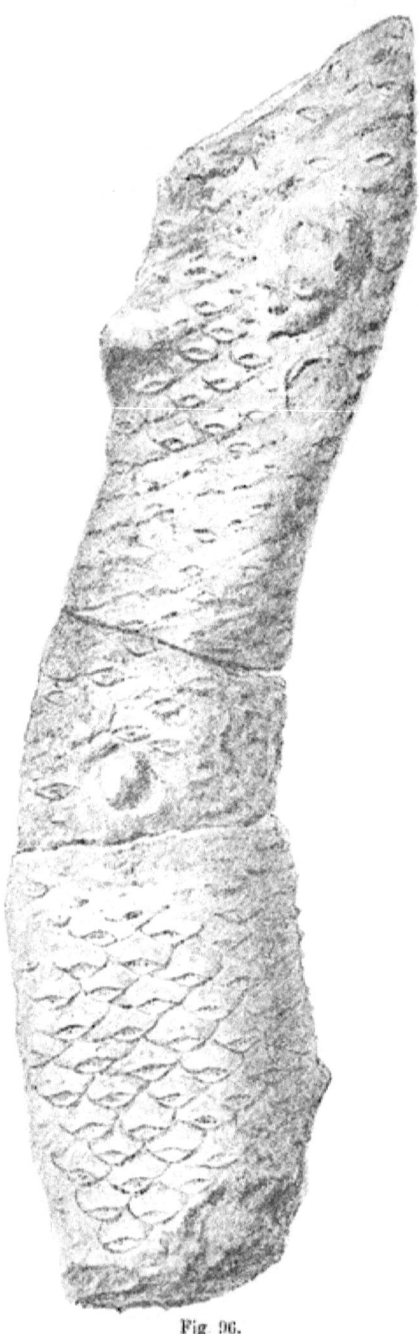

Fig. 96.
Lepidophloios aff. *macrolepidotus*. — Wildemann (Schwarzewald) im Harz.
(Sammlung Armster!).

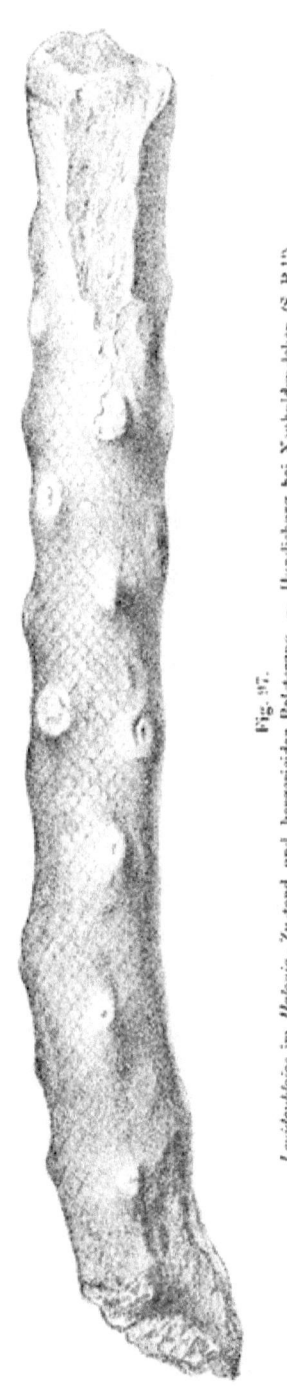

Fig. 97.
Lepidophloios im *Halonia*-Zustand und bergerioider Polsterung. — Hundisburg bei Neuhaldensleben (S. B.!).

Fig. 98.
Lepidophloios im *Halonia*-Zustand und bergerioider Polsterung. — Hundisburg bei Neuhaldensleben (ded. E. Bodenstab. S. B.!).

abgebildete Exemplar freilich nicht. Ob eine Ligulargrube inmitten des oberen Wangenpaares vorhanden ist, könnte man an demselben nicht entscheiden und die drei Närbchen auf der Blattabbruchsstelle, der Blattnarbe, sind nur hier und da und nicht deutlich zu bemerken. Die Form der Blattfüsse und der Blattnarben ist aber ganz klar und diese entsprechen am nächsten denen von *Lepidophloios macrolepidotus* (GOLDENBERG). Um unserem Rest jedoch einen Species-Namen zu geben, müsste er meinem Geschmack nach doch besser erhalten sein, und deshalb beschränke ich mich auf die blosse Erwähnung des Gattungs-Namens, eine nähere Unterbringung eventuell besonderen Funden vorbehaltend.

Von den in der Literatur bereits abgebildeten Resten könnte man am ehesten GÖPPERT's (ROEM., 1843, S. 1, Taf. I, Fig. 3) als *Lepidodendron hexagonum* bezeichneten Rest aus der Grauwacke bei Lautenthal für eine schlecht erhaltene und bei ROEMER falsch orientirte *Lepidophloios*-Oberfläche halten.

Ausserdem kommt der unter dem Namen *Halonia* LINDLEY und HUTTON beschriebene Erhaltungs-Zustand vor: Fig. 97 und 98, mit subepidermaler Oberfläche des Stammes, der die als Blüthenansatzstellen bekannten Hervorwölbungen trägt, die übrigens auch das Stück mit den deutlichen Blattfüssen, Fig. 96, zeigt. Wo es sich um Abdrucks-Exemplare der Steinkerne handelt, kann man — sofern dies nicht beachtet wird — die Wülste, die die Blüthen tragen, leicht mit ulodendroiden Schüsseln verwechseln, worauf wohl zu achten ist, um nicht fälschlich das Vorhandensein von *Ulodendron* (vergl. S. 121) anzunehmen.

Vorkommen: Harz: Innerstethal (Sammlung REITEMEYER!), Steinbruch am Schwarzen Wald südlich Wildemann (Sammlung ARMBSTER! und S. Z.!). — Aus dem Magdeburgischen liegt *Lepidophloios (Halonia)* von Hundisburg bei Neuhaldensleben vor (S. B.!!).

Semina.
Fig. 99.

Samen von den Fig. 99 abgebildeten Formen finden sich zuweilen im Culm des Magdeburgischen, seltener in demjenigen des Harzes. Die besterhaltenen von im Ganzen ellipsoidischer bis eiförmiger Gestalt bilden auf dem Querschnitt ein gleichseitiges Dreieck mit gewölbten Seiten, Fig. 99 A. Die Ecken des Dreiecks entsprechen drei auf der Aussenfläche des Samens längs-verlaufenden Kanten und die gewölbten Seiten zeigen drei schwächere Vorsprünge, welche drei zu den Kanten parallel verlaufenden Leisten entsprechen. Wir hätten also 3 »Kanten« und im Ganzen 9 »Leisten« an den besterhaltenen Samen, im Ganzen also 12 Rippen, welche diese Samen aussen längsstreifig gestalten. Die »Kanten«

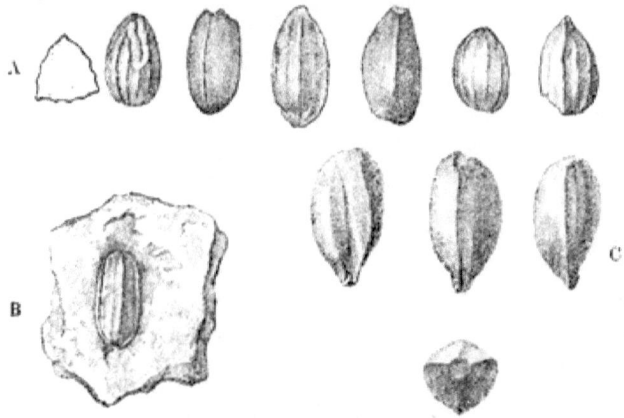

Fig. 99.

Samen. A: die 7 Figuren in der obersten Zeile vom Steinbruch westlich Hundisburg (leg. A. Mertens, H. Potonié u. A.-S. B.¹). Die beiden linken Figuren stellen dasselbe Object dar, nämlich einmal die Aussenansicht und links davon den Querschliff, um die 3seitig prismatische Ausbildung des sonst im Ganzen ellipsoidisch-eiförmigen Samens zu zeigen. — B stammt vom Hafen von Neustadt-Magdeburg (S. M.¹). — C = 4 Figuren, denselben Samen in 4 verschiedenen Ansichten darstellend, ist ebenfalls von Magdeburg (S. B.²).

und »Leisten« sind nicht immer deutlich unterschieden in die Augen fallend, sodass dann die Samen gleichmässig längsstreifig erscheinen. An weniger gut erhaltenen Exemplaren verschwinden zuerst die als Leisten bezeichneten Rippen, in anderen Fällen wieder treten auch die »Kanten« so zurück, dass dann die Samen fast glatt erscheinen. Dass in der That die Verschiedenheit in der Oberflächen-Sculptur unserer Samen gewiss keine generische oder specifische ist, sondern auf besserer oder mehr oder minder schlechter Erhaltung beruht, wird dadurch noch wahrscheinlicher gemacht als sich dort, wo die sonst nicht gerade häufigen Samen einmal in grösseren Ansammlungen vorhanden sind, wie in dem grossen Steinbruch bei Hundisburg alle die erwähnten Erhaltungs-Zustände nebeneinander finden. Eine einigermaassen befriedigende generische oder specifische Unterbringung der paläozoischen Samen auch nur im paläontologischen Sinn ist zur Zeit recht schwierig, da es an einer genügenden Zusammenfassung, welche sich mit der Ordnung des bis jetzt bekannten Materiales eingehend und mit Geschick beschäftigte, fehlt. Die 12 rippigen Exemplare könnte man z. B. mit dem von GÖPPERT, 1852, S. 250, als *Trigonocarpum ellipsoideum*, die nur mit 3 Rippen oder mit Andeutungen solcher versehenen Exemplare hingegen mit den von demselben Autor, l. c. S. 251, als *Rhabdocarpus conchaeformis* benannten Samen bezeichnen. Irgend ein Gewinn ist damit freilich nicht verbunden, da die Verschiedenheit der Objecte unseres Culm — wie gesagt — gewiss nur in der Verschiedenheit der Erhaltungs-Zustände beruht. Wo Listen paläozoischer Samen gegeben werden, die zur Bestimmung eingerichtet erscheinen, wie in der nachgelassenen Schrift AD. BRONGNIART's (1881, S. 19 ff.), kommt man in vielen Fällen nicht durch, so auch in unserem Fall. Der genannte Autor rubricirt die Samen nach ihren äusseren Formen wie folgt: 1. abgeplattet, an den Rändern gekielt, Querschliff elliptisch, 2. mit 3, 6 oder 8 Flügeln oder Kanten, 3. mit kreisförmigem Querschnitt. Unsere Samen, die bei bester Erhaltung 12 Rippen besitzen, lassen sich hiernach nicht bestimmen, nur die schlechter erhaltenen könnte man unterbringen. Bei dieser Sachlage, und da mir zu der zeitraubenden Arbeit, die paläozoischen Samen übersichtlich zusammenzustellen und zu gruppiren, die Zeit mangelt, verzichte ich darauf, in unserem Fall eine Bestimmung zu versuchen oder gar neue Namen zu bilden.

Obwohl sich zweifellose Cordaitaceen-Reste — etwa Artisien oder Cordaiten-Blätter — weder im Harzer noch im Magdeburgischen Culm gefunden haben, dürften unsere Samen doch Cordaiten-Samen sein. Cordaiten-Blätter werden sich in allochthonen Bildungen mit weither eingeschwemmten Pflanzenresten nicht gut — es seien denn blosse, meist unbestimmbare, kleine Fetzen — finden können; *Artisia* und vielleicht *Cordaioxylon* könnte man eher erwarten und erst recht Samen, die ja auf den Transport eingerichtet gewesen sein müssen. Bei der Thatsache, dass sie trotzdem Seltenheiten in unseren Ablagerungen sind, wird es daher nicht Wunder nehmen, dass bisher andere zweifellose Cordaiteen-Reste noch nicht gefunden worden sind.

Die einzige Stelle in der Literatur, die mir bekannt geworden ist, an der von Samen in unserem Culm die Rede ist, ist die von PETZOLD und GIEBEL (1873); sie lautet nur: »Herr PETZOLD hat in der Culmformation Magdeburgs einen fossilen Samen gefunden, welchen Herr Prof. GIEBEL für einen Cykadeensamen und zwar derjenigen Form angehörig hält, welche Herr Geh.-Rath GÖPPERT mit dem Namen *Rhabdocarpon* belegt hat.«

Sieber-Grauwacke.

Es werden von den Autoren angegeben:

Artnamen der Autoren	Fundorte	Kritische Bemerkungen
Asterophyllites Hausmannianus GÖPPERT. 1851, S. 192; 1852, S. 134.	»Lohnau«.	Nach der Beschreibung ein mangelhafter *Asterophyllites* oder eine schlecht erhaltene *Annularia*. Nach mir vorliegenden Resten vielleicht ein *Sphenophyllum*.
(*Sagenaria Bischofii* Görr. und F. A. ROEMER in GÖPPERT, 1859, S. 526.	Jüngste Grauwacke in Lonau bei Herzberg.	Ist *Pleuromeia Sternbergii* aus dem Buntsandstein des Bernburgischen. Vgl. S. 62.

Aus der Liste und den kritischen Bemerkungen ergiebt sich, dass leider von der Sieber-Grauwacke bis jetzt nichts pflanzenpaläontologisch Verwerthbares vorhanden ist. Ich habe mich daher 1899 bemüht, die Lücke zu füllen, ohne dass es mir aber gelungen wäre, hinreichenden Erfolg zu haben, obwohl ich eine ganze Anzahl Pflanzenbänke aufgefunden habe, die aber alle keine genügend bestimmbaren Reste geliefert haben. Ich führe dieselben hier auf, um späteren Interessenten die Fortführung der Arbeit zu erleichtern.

1. Thal der Gr. Lonau: a) eine Bank in dem kleinen angefangenen Steinbruch unmittelbar südlich von Lonau und b) eine weitere Bank wenige Schritte südlich dieses Bruches.

2. Sieberthal: a) Grosser fiscalischer Steinbruch oberhalb Herzberg über $^{1}/_{2}$ ^{km} nördlich der kgl. Oberförsterei. Unter dem Halden-Material dieses Steinbruchs fand ich eine beträchtliche Menge Blöcke mit recht grossen Pflanzen-Resten, die auf den ersten Blick viel versprachen. Stundenlanges Arbeiten fand jedoch keine hinreichende Belohnung. b) Bruch nördlich der ehemaligen Glasfabrik. c) Mehrere Pflanzenbänke in dem grossen Aufschluss in der Grauwacke, der beim Bau des Obergrabens der FLÜGGE'schen Holzschleiferei

Fig. 100.
»*Asterophyllites Hausmannianus* Görr.«. — Lonau. — S. Bm. C.!

(südwestlich Sieber) zu Stande gekommen ist. d) Eine plattigschieferige Pflanzen-Bank in der ungeschieferten, dichten Grauwacke an der Chaussee unmittelbar nordöstlich von Sieber, resp. noch in Sieber (nämlich südwestlich am Kirchhof).

In dem ersten fiscalischen Steinbruch im Sieberthal fand ich ein längsstreifiges Stück (ohne Nodiallinie), das vielleicht zu *Asterocalamites* gehört.

Calamariaceen-Reste sind zweifelhaft, es käme bis jetzt hier eventuell nur der von ROEMER als *Asterophyllites Hausmannionus* GÖPP. angegebene Rest von Lonau in Betracht, von dem sich in der S. Bm. C. einige Reste vorfanden, von denen ich in unseren Figuren 100—102 eine Anschauung gebe. Freilich ergeben diese ausserordentlich wenig. Man sieht, dass es sich um eine Pflanze gehandelt hat, die, wie es scheint, quirlständige Blätter getragen hat, deren nähere Form unklar ist. Danach kann es sich auch

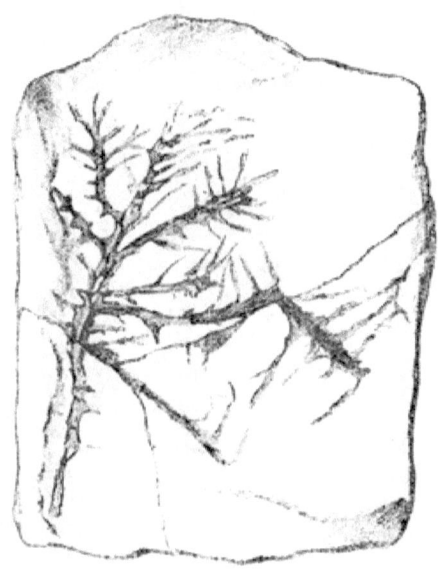

Fig. 101.
Asterophyllites Hausmannianus Göpp.«. — Lonau. — S. Bm. C.!

um *Sphenophyllum*-Reste handeln, wofür der Fig. 102 abgebildete verzweigte Stengelrest insofern sprechen würde, als er wie die Sphenophyllen ein gelindes Breiterwerden der Internodial-Glieder an den Nodial-Linien zeigt. Es ist dabei übrigens noch fraglich, ob die Reste Fig. 100—102 specifisch überhaupt zusammen gehören.

In der S. Bk. C.! habe ich ausserdem einen *Knorria*-Rest vom Typus *imbricata* mit der Fundortsangabe »Sieberthal« gesehen, der wohl zu *Lepidodendron* gehören dürfte. Ferner habe ich

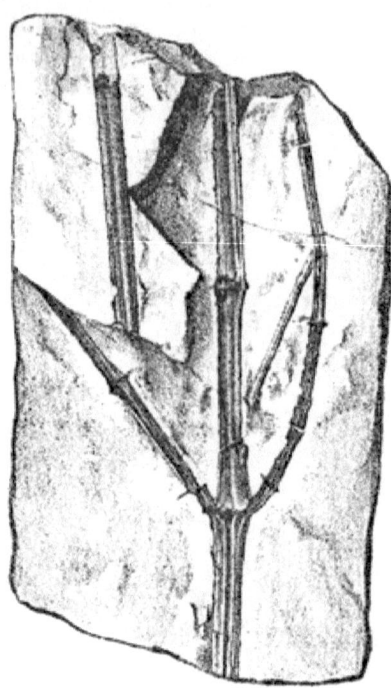

Fig. 102.
»*Asterophyllites Hausmannianus* Görr.« (= *Sphenophyllum?*). — Lonau. S. Bm. C.!

im grossen fiscalischen Steinbruch nicht weit vom Eingang des Sieberthales einen *Knorria imbricata*-ähnlichen Rest selbst gefunden.

Wernigeroder Grauwacke

(= Tanner Grauwacke des nördlichen Harzrandes bei Lossen).

Artnamen bei den früheren Autoren	Fundorte	Kritische Bemerkungen
Aspidiaria Goeppertiana Stiehler in Görr., 1847, S. 71, 1852, S. 183, Taf. XXIV.	Grauwacke bei Wernigerode.	Ganz unklarer Rest.
Calamites (Archaeocalamites) transitionis Görr. bei Weiss, 1885, S. 176, Taf. VII, Fig. 1, 2.	Kammerberg bei Ilsenburg.	*Asterocalamites scrobiculatus*!
Dactylopteris Stiehlerianus Görr., 1851, S. 195, 1852, S. 166, Taf. XIII, Fig. 6.	Grauwacke am neuen Wege am Wall im Thiergarten zu Wernigerode.	Unklarer Rest. Fertiles Stück eines *Archaeopteris* Wedels? (S. W. u. S. Bm. C.!).
Ilsaephytum Kayseri Weiss, 1885, S. 178, Taf. VI, Fig. 1, 2.	Kammerberg bei Ilsenburg.	Ganz zweifelhafter Rest! (*Megaphyton*?)
Lepidodendron sp., beblätterte Zweige. Weiss, 1885, S 172.	Silstedter Gemeindeholz.	Unklarer Rest, vielleicht ein beblättertes Lepidophyten-Sprossstück!
Lepidodendron? sp. (= *Volkmannia clavata* A. Roem.) bei Weiss, 1885, S. 172, Taf. VII, Fig. 16.	Kammerberg bei Ilsenburg.	Unklarer Rest: vielleicht beblättertes Lepidophyten-Sprossstück!
Lepidodendron gracile Roem., 1866, S. 213, Taf. 35, Fig. 7.	Kammerberg bei Ilsenburg.	Ganz junges Sprossstück mit lepidodendroiden Polstern, sicherlich mit dem folgenden Rest specifisch zusammengehörend!
Lepidodendron Jaschei Roem., 1866, S. 213, Taf. 35, Fig. 6. Weiss, 1885, S. 168, Taf. VI, Fig. 3—5.	Kammerberg bei Ilsenburg.	Mittelgrosses, lang-polstriges *Lepidodendron* mit Bändern (wie *L. Veltheimii*) zwischen den Polstern!
Lepidodendron Losseni Weiss, 1885, S. 169, Taf. VI, Fig. 6, 7.	Kammerberg bei Ilsenburg.	So nannte Weiss (da der Name *L. gracile* durch Brongn. schon vergeben war) Roemer's *L. gracile*!
Megaphytum Ilsae Roem., 1866, S. 213, Taf. 35, Fig. 8.	Kammerberg bei Ilsenburg.	Synonym zu *Ilsaephytum Kayseri*!

Artnamen bei den früheren Autoren	Fundorte	Kritische Bemerkungen
Sagenaria Veltheimiana Presl. bei Görr., 1852, S. 183.	Nach Jasche, 1858, S. 35: Schlossberg bei Wernigerode.	Synonym von *Aspidiaria Goeppertiana*.
Volkmannia clavata Roem., 1866, Taf. 35, Fig. 9, resp. »Frucht«, l. c., S. 213.	Kammerberg bei Ilsenburg.	Vergl. oben unter »*Lepidodendron?*«.

Wenn man die kritischen Bemerkungen dieser Liste durchgeht, so wird man schon aus diesen leicht bemerken, dass in der Flora der Wernigeroder Grauwacke eine nahe Beziehung zur Flora des Oberharzer Culm besteht. Das Vorkommen von *Asterocalamites scrobiculatus* sowie von *Lepidodendron*-Resten, die zu dem Typus des *Lepidodendron Veltheimii* gehören, wenn es sich auch vielleicht nicht um dieselbe Species handelt, ist in dieser Beziehung desshalb ausschlaggebend, weil weder *Asterocalamites* noch sichere *Lepidodendron*-Reste in der älteren, der Silur-Grauwacke des Harzes gefunden worden sind. Nun kommt aber hinzu, dass es mir gelungen ist (vergl. weiter unten) einen zweifellosen Rest von *Lepidodendron Veltheimii* vom Silstedter Gemeindeholz in einer

Fig. 103.
Eine allochthone *Stigmaria*-Narbe. — Kammerberg bei Ilsenburg im Harz (leg. H. Potonié).

Sammlung aufzufinden, sodass der Pflanzenpaläontologe die Wernigeroder Grauwacke nur als dem Culm zugehörig ansehen kann.

Es folgt nun eine systematisch-botanische Betrachtung der Reste.

Zunächst sei erwähnt, dass ich Reste von *Dictyodora* und zwar im *Palaeochorda*-Zustand in der Grauwacke am Kammerberg bei Ilsenburg gefunden habe (vergl. auch vorn S. 62, wo dasselbe Problematicum aus dem Silur angegeben wird).

Von *Filices*-Resten, die unter dem Häcksel gewiss als Rhachis- u. s. w. Stücke vorhanden sind, ist sicher als hierher gehörig Bestimmbares nichts vorhanden. GÖPPERT hat 1851, S. 195 und 1852, S. 166, Taf. XIII, Fig. 6 als *Dactylopteris Stiehlerianus* (S. W.!) einen Rest bekannt gemacht, dessen Wesen gänzlich unklar ist.

Das Vorkommen von *Asterocalamites scrobiculatus* hat WEISS 1885, S. 176, Taf. VII, Fig. 1 und 2 genügend begründet (S. W.!). Im alten Steinbruch am Kammerberg bei Ilsenburg, in derselben Bank oder doch einer nicht weit von derjenigen JASCHE's, aus der die WEISS'sche Rest stammt, entfernt, sind von Herrn M. KOCH und mir noch weitere zweifellose Reste von *Asterocalamites scrobiculatus* beobachtet worden.

Lepidophyten-Reste sind vor Allem ebenfalls am Kammerberg bei Ilsenburg gefunden worden, nicht nur allochthone *Stigmaria*-

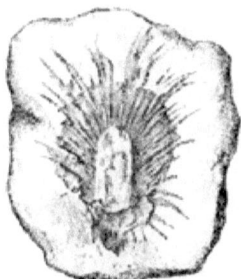

Fig. 104.
Wohl Rest einer *Lepidodendron*-Blüthe. — Silstedter Gemeindeholz (S. W.!).

Narben, Fig. 103, sondern auch zweifellose *Lepidodendron*-Reste. Von besonderer Wichtigkeit ist das Vorkommen von *Lepidodendron Veltheimii* im Silstedter Gemeindeholz. Eben daher stammt der Rest Fig. 104, der in Druck und Gegendruck vorliegend, schon von WEISS, 1884, Taf. VII, Fig. 17, abgebildet und für einen »beblätterten *Lepidodendron*-Zweig« erklärt worden ist[1]).

---

[1]) WEISS giebt in der Tafel-Erklärung als Fundort Schanfenhauerthal an, auf dem Etiquett steht jedoch Silstedter Gemeindeholz, wie W. auch im Text richtig vermerkt.

Man kann an dem Rest, der einer *Lepidodendron*-Blüthe angehören dürfte, drei Zonen unterscheiden: 1. eine centrale, dickkohlige Masse, wohl ein Stück der Axe, diese 2. umgeben von dichtgedrängten und sich überdeckenden, dabei undeutlichen, schuppenförmigen Theilen, die 3. an ihrem Gipfel in je einen schmalen, sich verschmälernden, scharf abgesetzten Lamina-Theil, ähnlich einem *Lepidodendron*-Blatt ausgehen. Offenbar haben wir es in den die Axe bekleidenden Gebilden mit Sporophyllen zu thun, die ungefähr denjenigen gleichen, die ich aus dem unteren productiven Carbon (Lehrbuch, 1899, S. 372, Fig. 350) als *Lepidophyllum Waldenburgense* beschrieben habe.

Endlich habe ich am Kammerberg bei Ilsenburg und in der Grauwacke des Silstedter Gemeindeholzes einzelne (allochthone) *Stigmaria*-Narben sammeln können, Fig. 103. — Näher eingehen müssen wir auf die *Lepidodendron*-Reste. Ich werde dieselben unter den drei Ueberschriften betrachten: 1. *Lepidodendron Veltheimii*, 2. *L. Jaschei* incl. *L. Losseni* und 3. *L. acuminatum*, wobei ich mich jedoch — wie aus dem Folgenden hervorgeht — der Einsicht nicht verschliesse, dass diese drei »Arten« sich vielleicht als specifisch zusammengehörig, also als *L. Veltheimii*, ergeben werden.

NATHORST z. B. (1894, S. 33) meint: »*Lepidodendron Losseni* WEISS dürfte« zu SCHIMPER's »*Lepidodendron Veltheimianum acuminatum*« zu rechnen sein. SCHIMPER bezeichnete (1862, S. 338, Taf. XXVI, Fig. 1—5) seine Reste als *Sagenaria acuminata* GÖPP. Bei der die Polster in Vergrösserung wiedergebenden Fig. 5 könnte es sich um *L. Jaschei* handeln, da nach dieser Vergrösserung kurze Querstriche auf dem unteren Wangenpaare angegeben sind. Auch die von O. FEISTMANTEL (1873, S. 529 ff., Taf. XVII, Fig. 31 und 32) unter dem Namen *Sagenaria Veltheimiana* STERNB. abgebildeten Reste könnten zu *L. Jaschei* gehören. NATHORST möchte alle diese »Arten« zu *Lepidodendron Veltheimii* stellen. In der That lässt sich sehr wohl die specifische Zusammengehörigkeit begründen, denn die Verschiedenheiten sind nicht derartig, dass sie nicht leicht zu vereinigen wären. Bei dem eigentlichen, typischen *Lepidodendron Veltheimii* würde es sich um die Aussensculptur älterer, resp. dickerer, bei *L. Jaschei* und *acuminatum* hingegen um die jüngeren, resp. schwächeren Stengel-Reste handeln. Dass bei *L. Veltheimii typica* z. B. die Narben nicht wie bei den anderen beiden Arten mehr kreisförmig, sondern breitgezogen sind und die verhältnissmässige Breite der Polster von *L. Veltheimii* im Vergleich zur Länge derselben weit grösser ist, als bei *L. Jaschei* und *acuminatum*, würde sich bequem aus dem nachträglichen Dickenwachsthum des Stammes erklären.

Lepidodendron Veltheimii.
Fig. 105.

Eine ausführliche Beschreibung dieser Species findet sich vorn S. 116 bei der Besprechung der Reste aus dem oberharzer Culm und demjenigen des Magdeburgischen. Eine Berücksichtigung

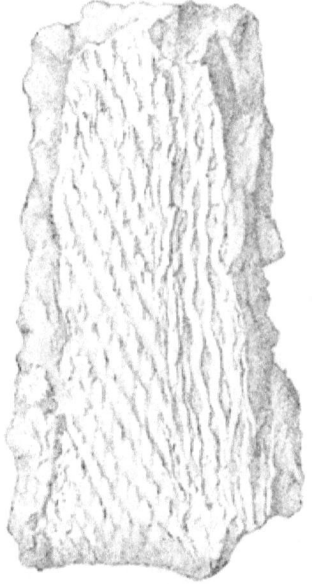

Fig. 105.
Lepidodendron Veltheimii. — Silstedter Gemeindeholz bei Wernigerode (S. W.).

derselben im Hinblick auf unsere Fig. 105 zeigt, dass *L. Veltheimii* in typischer Ausbildung in der That auch in der Wernigeroder Grauwacke vorhanden ist.

Vorkommen: Silstedter Gemeindeholz bei Wernigerode (S. W.!).

Lepidodendron Jaschei.

Lepidodendron Jaschei ROEMER erweitert. 1866, S. 213, Taf. 35, Fig. 6.
  »   *gracile* ROEMER (non BRONGN.), 1866, S. 213, Taf. 35, Fig. 7.
  »   *Losseni* WEISS erweitert, 1885, S. 169, Taf. VI, Fig. 6, 7.

Fig. 106.

Es macht nicht den Eindruck, als handele es sich in den Resten von *Lepidodendron Jaschei* WEISS und *L. Losseni* WEISS um verschiedene Arten. Abgesehen von der ganz natürlichen Verschiedenheit in der Grösse der Polster der beiden mir vorliegenden

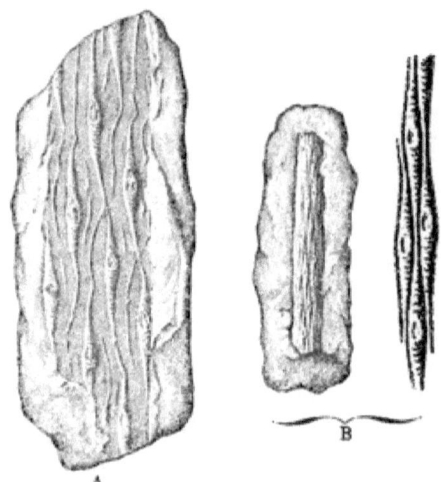

Fig. 106.

Lepidodendron Jaschei RÖMER (erweitert) vom Kammerberg bei Ilsenburg (S. W.!). A = Wachsabguss des nur im Hohldruck vorliegenden Stückes (Original von ROEMER und WEISS). — B = Schmaleres Zweigstückchen derselben Art (= *Lepidodendron Losseni* WEISS), Wachsabguss. Rechts einige Polster in Vergrösserung (Originale von ROEMER und WEISS!).

Reste (S. W.!), da es sich in dem einen Stück um den Abdruck eines dünnen Zweigstückchens (= *L. Losseni*), in dem anderen um den Stamm-Rinden-Abdruck (= *L. Jaschei*) handelt, ist die Sculptur der Polster-Flächen mit ihren kurzen Querstrichen unter- und oberhalb der Narbe durchaus die gleiche; auch die langgestreckte Form der in schwanzförmige Fortsätze auslaufenden Polster ist in beiden Fällen genau dieselbe, und schliesslich kommt noch hinzu, dass auch die Polster des *L. Losseni*-Restes durch Längsbänder ähnlich denen von *Lepidodendron Veltheimii* getrennt sind, wie das auch so auffallend an dem Rinden-Abdruck *L. Jaschei* zu bemerken ist, sodass eine specifische Trennung der beiden Reste sich nicht rechtfertigen lässt. Dass die die Polster trennenden Bänder bei dem schmalen Exemplar noch nicht so breit sind wie bei dem Rinden-Abdruck, ist eine durch das Dickenwachsthum bedingte Selbstverständlichkeit: erst nach Maassgabe des Dickenwachsthums nehmen die Bänder an Breite zu. WEISS und vor ihm ROEMER haben übrigens diese allerdings sehr schmalen Bänder an dem Exemplar von *L. Losseni* übersehen.

Vorkommen: Kammerberg bei Ilsenburg. (S. W.!)

Lepidodendron acuminatum.

Lepidodendron acuminatum UNGER, Gen. et sp. plant. foss. 1850, S. 261.
Aspidiaria acuminata GÖPPERT, Neues Jahrb. f. Min. 1847, S. 684.
Sagenaria acuminata GÖPP., Fossile Flora des Uebergangsgeb., 1852, S. 185, Taf. XXIII, Fig. 4 (ob auch Taf. XLIII, Fig. 8 bis 10?).

Fig. 107.

Ob die hierher gezogenen Reste, Fig. 107, von *L. Jaschei* specifisch zu trennen oder sich einmal als zu der genannten Art gehörig ergeben werden, muss vorläufig dahingestellt bleiben. Sie sind vor der Hand zu trennen, weil sie sich scharf von *L. Jaschei* durch das Fehlen der Querriefung auf den Wangenpaaren unterscheiden in Uebereinstimmung mit Vorkommnissen in Niederschlesien, woher mir aus der Breslauer Universitäts-Sammlung schöne Stücke sowohl von *L. Jaschei* (Kohlenkalk von Rothwaltersdorf und Culm von Landeshut) als auch von *L. acuminatum* (Culm von Landeshut, auf demselben Stück wie der Rest von *L. Jaschei*) vorliegen, die sich stricte durch die angegebenen Merkmale wie unsere Harzer Stücke unterscheiden. Abgesehen von dem Vorhandensein beziehungsweise Fehlen der Wangen-Querriefung sind die beiden in Rede stehenden Arten sonst sehr ähnlich. An dem prachtvoll erhaltenen Rest von Landeshut mit seinen langgestreckten, hier und da wie bei *L. Volkmannianum* ineinander verfliessenden Polstern, sind die nur schwach nach oben gerückt auf den Polstern befindlichen Blattnarben fast kreisförmig wie bei *L. Jaschei* und zeigen

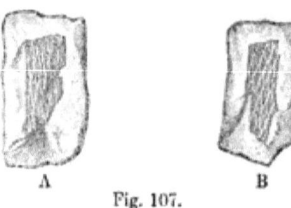

Fig. 107.

Lepidodendron acuminatum Görr. — Grauwacken-Steinbruch zwischen Heiligenthal und Benzingerode im Harz. (Leg. Lossen, 1879. S. B.¹?).

noch deutlich die drei Närbchen in denselben. Andeutungen einer Polster-Querriefung wie bei *L. Jaschei* ist nur ganz untergeordnet vorhanden. Dies und die Thatsache, dass neben dem Abdruck ein anderer liegt, der die Querriefung auffallend besitzt, machen es wahrscheinlich, dass *L. Jaschei* und *acuminatum* in der That zu ein und derselben Species gehören. Vielleicht schrumpft nur die Epidermis im Verlaufe der Verwesung gern in der für *L. Jaschei* charakteristischen Weise riefenbildend zusammen, sodass dieses »Merkmal« möglicher Weise gar nicht der lebenden Pflanze zukommt.

Die mir vorliegenden Reste von *L. acuminatum* zeigen keine Bänderbildung, verhalten sich also wie die schwächeren Stücke von *L. Jaschei*, sondern scharfe linienförmige Furchen trennen die Polster. Ein schlechter erhaltenes Stück aus dem Kohlenkalk von Rothwaltersdorf (Breslauer Museum), das als ein älteres, daher grösser-polstriges Stück von *L. acuminatum* bestimmt werden kann, besitzt die Bänder, wenn auch nicht so stark entwickelt, wie die Bänder des Fig. 106 A abgebildeten Restes von *L. Jaschei*.

Auch dies spricht für die specifische Zusammengehörigkeit beider »Arten«.

Vorkommen: Steinbruch zwischen Heiligenthal und Benzingerode. (Leg. LOSSEN, 1879. S. B.!)

Danach wäre also die Florula der Wernigeroder Grauwacke nur aus den folgenden Arten beziehungsweise bestimmbaren Resten zusammengesetzt.

Asterocalamites scrobiculatus.
Lepidodendron Veltheimii.
        »   *Jaschei.*
        »   *acuminatum.*
Stigmaria.
(*Dictyodora*).

Elbingeroder Grauwacke
(vergl. vorn S. 5).

a) Aus der Elbingeroder Grauwacke der Umgegend von Elbingerode liegt mir von dem Fundpunkt Eisensteinspinge »Lindenstieg sich Dich um« unweit des Hartenberges (M. KOCH, leg. 1895, S. B.!) ein Rest vor, der zu *Asterocalamites scrobiculatus*

Fig. 108.
Lepidodendron Veltheimii. — Sprakelsbach, Strasse zwischen Zorge und Braunlage (leg. SCHULZE. S. B.!).

gehören dürfte. Uebrigens kommen an diesem Fundpunkte die Pflanzenreste zusammen mit bezeichnenden Thierresten vor. Einen zweifellosen, zu *Asteroc. scrobiculatus* gehörigen Rest fand ich selbst in dem Steinbruch bei Königshof, der sich am Zusammenfluss der warmen und kalten Bode befindet (leg. 4. Aug. 1900, S. B.!).

b) Aus der Zorge-Stieger Mulde liegt mir kein Material vor. Ein einziges bestimmbares Stück und zwar von *Lepidodendron*, cf. *Veltheimii*, Fig. 108, in der S. B.[1] mit dem Etiquett Sprakelsbach (oberhalb Zorge) stammt, wie mir Herr BEUSHAUSEN mittheilt, nicht aus der Elbingeroder Grauwacke, sondern aus »Wieder Schiefern«.

c) Aus der Selkemulde habe ich leider keine bestimmbaren Reste erhalten können. Ich selbst und Herr Assistent BRANDES wir haben uns vergeblich bemüht, in dem grossen Steinbruch am W.-Abhange des Lindenberges südlich Thale etwas zu finden, da das Vorhandensein von fossilem Häcksel das Suchen nach bestimmbaren Resten rechtfertigte.

So mangelhaft die pflanzlichen Funde in der Elbingeroder Grauwacke danach auch sein mögen, so dienen die wenigen bestimmbaren Reste doch dazu, die von Herrn MAX KOCH (Jahrb. f. 1895, S. 134 ff.) auf Grund der Lagerungsverhältnisse und von Thierrestfunden gegebene Deutung der Grauwacke als Culm paläobotanisch zu stützen.

Schluss-Betrachtung.

Die beiden eingehend beschriebenen Floren in den Grauwacken des Harzes und des Magdeburgischen zeigen — worauf im Vorausgehenden schon wiederholt aufmerksam gemacht werden musste — principielle Unterschiede. In wiefern dieselben auf Grund unserer jetzigen Kenntnisse Auskunft über das geologische Alter der Grauwacken zu geben in der Lage sind, soweit es sich um rein paläobotanisch-geologische Vergleiche handelt, soll im Folgenden auseinandergesetzt werden.

1. Die Flora der Silur-Grauwacke des Harzes.

Die Flora der älteren Grauwacken des Harzes ist eine typische Bothrodendraceen-Flora. Wenn wir alles Zweifelhafte weglassen, so ist diese Flora charakterisirt durch

Cyclostigma hercynium.

Bothrodendraceen sind für Floren, die für älter als diejenige des Culm angesehen werden, bemerkenswerth. In Europa kommen in dieser Beziehung in erster Linie in Betracht die als oberdevonisch angesehene Bothrodendraceen-Flora in Irland, namentlich bei Kiltorkan (siehe z. B. die neueste Zusammenstellung über das Devon bei FRECH 1897) und die von NATHORST (1894, S. 76—77) revidirte paläozoische Flora der Bäreninsel, die er mit derjenigen von Kiltorkan vergleicht. Er sagt hier von der »*Cyclostigma*-Sippe des *Bothrodendron*« der Bäreninsel: »Diese Sippe spricht für ein devonisches Alter der Flora, falls wirklich die Ablagerung von Kiltorkan, wie die meisten Geologen meinen, zum Oberdevon und nicht zum Carbon zu rechnen ist.« Er fährt dann fort: »Diese Frage ist eine ziemlich gleichgültige, und wir können gern die Benennung Ursa-Stufe[1]) für die pflanzenführenden Uebergangslager zwischen Devon und Carbon beibehalten, welche durch das häufige Auftreten der Cyclostigmen-artigen Bothrodendren und der zu denselben gehörenden Knorrien charakterisirt sind.« In einem Briefe an mich vom 26. Januar 1900 sagt NATHORST dann aber bestimmter: »Die Ursa-Flora der Bäreninsel ist Oberdevon. Wir haben auch oberdevonische Fischreste in demselben Sandstein gefunden und er transgredirt über Silur.« JOH. GUNNAR ANDERSSON hat diese Verhältnisse (1900, S. 252—254) näher beschrieben. Nach ihm liegt der die uns interessirenden Pflanzenreste bergende »Ursasandstein« discordant auf der silurischen »Heclahookformation«. Dieser Ursasandstein hat bisher als einzige Thierreste zwei Fischschuppen von *Holoptychius* ergeben und einige wenige Pflanzenreste, unter denen — wie ich mich selbst an Materialien der S. B.[2] überzeugen konnte — *Archaeopteris* und *Bothrodendron kiltorkense* (HAUGHTON). »Alle Fossilien — sagt nun ANDERSSON —, sowohl die Fischreste als auch die Pflanzen, gehören zu oberdevonischen Typen. Dass der Ursasandstein nicht das Untercarbon vertreten kann, das auf der Bäreninsel in normaler Ausbildung fehlt, erhellt aus den Verhältnissen in Irland (Kiltorkan) und Belgien (Evieux), wo Schichten mit *Holoptychius* und *Archaeopteris* (bei Kiltorkan auch *Bothrodendron kiltorkense*) von marinem Untercarbon überlagert werden«. Danach würde auch unsere Harzer Bothrodendraceen-Flora als älter als Culm anzusehen sein. Dass sie nicht etwa als unterculmisch aufgefasst werden kann, ergiebt sich aus einem Vergleich mit der Flora des nach Herrn Landesgeologen Dr E. ZIMMERMANN dem Kieselschiefer des Harzes entsprechenden Unterculm von Saalfeld in Thüringen, die von SOLMS (1896) bearbeitet worden ist. Sehen wir die Reste von Saalfeld durch, soweit sie mit denjenigen unserer oberculmischen Grauwacken-Flora des Harzes und des Magdeburgischen vergleichbar sind —

---

[1]) Vergl. mein Lehrbuch, 1899, S. 365 und die vorliegende Abhandlung vorn S. 2.

also mit Weglassung derjenigen, anatomische Structur bietenden Reste, deren Beziehung zu Abdrucksexemplaren oder Steinkernen, wie sie aus unserer Harzer und Magdeburger Flora im Vorausgehenden beschrieben wurden, nicht bekannt ist, — so sehen wir eine grosse Aehnlichkeit zwischen diesen beiden Floren, da auch bei Saalfeld Bothrodendraceen-Reste fehlen, jedoch solche von Lepidodendraceen, wie z. B. auch ein *Bergeria* und *Knorria imbricata*-Rest (SOLMS, Taf. I, Fig. 6), vorhanden sind und *Asterocalamites scrobiculatus* (l. c., S. 78—80) sicher constatirt wurde[1].

Demnach wäre unsere Bothrodendraceen-Flora älter als Culm, auch als Unterculm, und könnte bis auf Weiteres aus den angegebenen Gründen als oberdevonisch angesehen werden. Dem stehen nun aber — wie schon S. 4 ff. angedeutet — nach den Untersuchungen der Herren KOCH und BEUSHAUSEN im Harz und DENCKMANN im Kellerwalde wichtige und ausschlaggebende Bedenken entgegen. Die Genannten haben also den Schluss gezogen, dass die ältere Grauwacke des Harzes (Tanner Grauwacke der sog. Sattelaxe) mit dem Plattenschiefer gewissen sicher zum Silur zu stellenden Schichten des Kellerwaldes entspricht und demnach auch zum Silur gehört. Danach würde uns hier ein Horizont mit einer Bothrodendraceen-Flora ebenfalls zur Verfügung stehen, dessen sichere Zugehörigkeit zu einer bestimmten geologischen Formation uns bekannt wäre.

Der Pflanzenpaläontologe befindet sich demnach in einer precären Lage. Legt er Kiltorkan und die Bäreninsel zu Grunde, so würde er geneigt sein die Harzer Bothrodendraceen-Schichten zum Oberdevon zu stellen, richtet er sich jedoch nach der Folgerung der preussischen Geologen, so muss er sie als silurisch hinnehmen, also vor der Hand zu dem Schluss geführt werden,

---

[1] Die von B. COTTA im Min. Jahrbuch für 1843 (Stuttgart), S. 411—412 aus der Grauwacke des Rothen Berges bei Saalfeld angegebene *Rothenbergia Hollebeni* COTTA führe ich oben — obwohl es sich in den so benannten Resten um weiter nichts als *Megaphyton* (cf. *Kuhianum*) handelt — nicht mit auf, da es sich, wie mir Herr E. ZIMMERMANN mittheilt, in diesem Fundpunkt um Schichten handelt, die etwas jünger sind als der Fundpunkt der von UNGER und SOLMS beschriebenen Reste, und es mir ja darauf ankommt, den Charakter einer möglichst alten Culmflora anzudeuten.

dass die Bothrodendraceen-Flora vom Silur bis zum Oberdevon gereicht hat.

Unter diesen Umständen musste es von Werth sein, eine zwischen dem Silur und dem Oberdevon liegende Flora aus möglichster Nähe des Harzes zum Vergleich heranziehen zu können und hierzu bot sich gute Gelegenheit durch die reichen Materialien an fossilen Pflanzenresten, die sich in den Museen aus dem Mitteldevon Böhmens (BARRANDE's Silur H—h) befinden. Schon die von D. STUR (1882) in seiner Bearbeitung dieser Flora gebotenen Abbildungen zeigen schnell, dass es sich im Wesentlichen in derselben um besondere Typen handelt: unter diesen Abbildungen STUR's wird Nichts geboten, was bis jetzt zweifellos als Bothrodendraceen-Rest gelten könnte. Ich habe aber die Sammlungen in Wien, Prag und in Berlin durchgesehen und unter den zahlreichen an diesen Orten zur Verfügung stehenden Resten doch einige solche gefunden, die durchaus an jugendliche (schwache), also lepidodendroid gepolsterte Bothrodendraceen-Zweige erinnern. Diese lepidodendroiden Zweige sind sicher eingeschwemmt; es ist sehr wohl annehmbar, dass sich unter den zahlreicher vertretenen anderen Typen solche, namentlich die häufiger in grossen Exemplaren erhaltenen, finden, die Meeres-Gewächse waren. Neben den Pflanzen-Resten finden sich gar nicht selten solche von Meeres-Thieren (wie z. B. *Orthoceras*), während in der Bothrodendraceen-Grauwacke des Harzes thierische Reste äusserst selten sind. Danach handelt es sich im Harz und in Böhmen um Ablagerungen, die unter ganz verschiedenen Verhältnissen gebildet wurden. Die böhmischen sind — worauf der feine Thon, in dem die Reste eingebettet sind, hinweist — Absätze in einem ganz ruhigen Gewässer, in dem Meeres-Pflanzen und -Thiere zusammen vorkamen, das aber gelegentlich Landpflanzen-Resten, wie den lepidodendroiden Sprossstücken, ein Grab gewährte, ähnlich wie im Unterdevon des Kellerwaldes, wo (vgl. vorn S. 63) Bothrodendraceen-Reste ebenfalls zusammen mit Meeres-Thieren vorkommen, während in den Bothrodendraceen-Grauwacken des Harzes gewöhnlich nur eingeschwemmte Landpflanzen zur Einbettung gelangten und thierische (Muschel-)Reste, wie gesagt, nur als sehr grosse Seltenheiten vorkommen. Daraus kann man leicht die Verschiedenheit in den beiden in Rede stehenden Floren erklären und wird sich daher weiter nicht darüber zu beunruhigen brauchen, dass die Mitteldevon-Flora Böhmens im Grossen und Ganzen mit den erwähnten Oberdevon- und der Harzer Silur-Flora verglichen, eine so abweichende Physiognomik gewährt. Die böhmische Flora ist keine Störung für die Annahme, dass die Land-Floren des Silur's bis zum Oberdevon durch Bothrodendraceen ausgezeichnet sind.

Daraus ergiebt sich aber, dass vor der Hand weiter nichts übrig bleibt, als sich als Paläobotaniker auf die Aeusserung zu beschränken:

Die Bothrodendraceen-Flora des Harzes ist sicher älter als untercarbonisch. Die vorculmischen Pflanzen-Reste geben vorläufig noch keinen genügenden Anhalt, um hier mehrere, verschieden alte Floren unterscheiden zu können, einerseits weil die in Betracht kommenden Reste noch nicht genügend durchgearbeitet sind, andererseits weil bei den vergleichsweise spärlichen vorliegenden Resten die sich ergebenden Unterschiede [so besitzt ja (vergl. vorn S. 16 ff.) z. B. der silurische Platten-Schiefer des Dill-Lahn-Gebietes *Sphenopteridium*-Reste, die sonst nicht bekannt sind u. s. w.] noch nicht auf ihre Brauchbarkeit und relative Werthigkeit für Horizont-Bestimmungen geprüft und festgelegt werden konnten. Dies ist der Grund, warum ich (Lehrbuch, 1899, S. 362) die gesammten vorculmischen Pflanzen-Reste bis auf Weiteres als Flora 1 zusammenfassen musste gegenüber der dann erst als 2., wesentlich verschieden erscheinenden Culm-Flora (l. c., S. 370)[1].

---

[1] Ich bedauere, dass ich (l. c., S. 364) die Flora der »devonian and upper silurian formations of Canada«, die in ihrer Gesammtheit genommen Carbon-Charakter hat, auf Grund der Horizontirung J. W. Dawson's zu Flora 1 gestellt habe. Besser wäre es gewesen, sie wegzulassen, da die Horizontirung der in Frage kommenden Schichten Canada's der Revision bedarf. Immerhin habe ich schon damals absichtlich diese Nord-Amerikanische Flora besonders behandelt, um den floristischen Charakter der europäischen Bothrodendraceen-Flora (l. c., S. 365) nicht zu verwischen.

2. Die Unterdevon-Flora des Kellerwaldes und des Harzes.

Aus dem Kahleberg-(Spiriferen)-Sandstein des Harzes ist mir von Pflanzen-Resten, über die sich eventuell etwas sagen lässt, nur der vorn S. 70, 71 erwähnte Rest vom Rammelsberge bekannt geworden, den ROEMER als *Asterophyllites Römeri* GÖPP. bezeichnet und der vielleicht eine *Annularia* ist. Bemühungen, aus dem genannten Sandstein bessere Reste zu erhalten, so von den Fundstellen am Auerhahn und bei Goslar, mit deren Ausbeutung sich namentlich Herr ARMBSTER dankenswerth beschäftigt hat, sind leider fehlgeschlagen. Es handelt sich in dem vorliegenden Material durchweg um unbestimmbaren fossilen Häcksel.

Aus dem tieferen Unterdevon im Kellerwalde sind jedoch, vorn S. 69—70, einige Reste angegeben worden, die vorläufig kaum anders als Bothrodendraceen-Zweige angegeben werden können. Danach würde die Bothrodendraceen-Flora des Silurs im Harz einerseits zu derjenigen der »Ursastufe«, des Oberdevons, andererseits eine Brücke erhalten (vergl. S. 170).

3. Die Flora der Oberculm-Grauwacke des Oberharzes und des Magdeburgischen.

Die Oberculm-Flora des Harzes und des Magdeburgischen ist die folgende:

Culm des Oberharzes.	Culm des Magdeburgischen.
Megaphyton simplex.	—
» *Kuhianum.*	*Megaphyton Kuhianum.*
Asterocalamites scrobiculatus.	*Asterocalamites scrobiculatus.*
Stylocalamiten-Typus.	Stylocalamiten-Typus.
—	Eucalamiten-Typus.
Calamophyllites cf. *approximatus.*	*Calamophyllites* cf. *approximatus.*
Lepidodendron Volkmannianum.	*Lepidodendron Volkmannianum.*
» *Veltheimii.*	» *Veltheimii.*
» *tylodendroides*	» *tylodendroides*
(= *L. Veltheimii?*)	(= *L. Veltheimii?*)
cf. *Jaschei* oder *acuminatum.*	—

— —	*Lepidodendron* cf. *Rhodeanum*.
Lepidophloios.	*Lepidophloios*.
Stigmaria ficoides.	*Stigmaria ficoides*.
Samen (von Cordaitaceen?).	Samen (von Cordaitaceen?).

Eine grössere Uebereinstimmung der Floren kann man vernünftiger Weise nicht verlangen: sie ist geradezu überraschend und beweist, dass es sich in den oberharzer und den magdeburgischen Culm - Ablagerungen um geologisch absolut gleichaltrige und unter gleichen Bedingungen entstandene Theile derselben Schichten handelt.

Die Culm - Flora beider Reviere, des Oberharzes und des Magdeburgischen, ist durchaus einheitlich; es lassen sich auf Grund des vorhandenen Materiales keinerlei Unterschiede in der floristischen Zusammensetzung verschieden alter Schichten des Oberculm constatiren. Ich hebe das u. A. deshalb hervor, weil KLOCKMANN von der Grauwacken-Zone, die sich von Magdeburg über Hundisburg nach Flechtingen erstreckt, sagt [1890 (1892), S. 132—133], dass Zweifel bestehen können, ob diese ganze Zone in Uebereinstimmung mit der EWALD'schen Karte des Revieres als Culm bezeichnet werden dürfe. »Der Mangel jeglicher fossiler Thierreste und nur das gelegentliche, auf Culm hinweisende Vorkommen von Pflanzen-Abdrücken lassen keine sichere Entscheidung zu, ob bei der sonstigen Analogie mit dem Harz nicht auch einzelne Theile dieses »Culms« zum Devon oder, wie die rothen Grauwacken und Sandsteine bei Olvenstädt etc. in das obere Carbon zu stellen sind.« Diese Bemerkung hat WOLTERSTORFF (1899, S. 10) veranlasst, sich auf Grund der von ihm beschriebenen Thierreste gebührend vorsichtig nur auf den Horizont blaugrauer Grauwacke zu beschränken, welche die Reste enthielt, und sich dahin zu äussern, dass es sich in diesem um Culm handle.

Man muss nämlich unterscheiden:

2. einen hangenden Grauwackenzug, aus rothen Grauwacken und Sandsteinen, der sich von Magdeburg über Olvenstädt weiter westlich bis Gross-Rottmersleben erstreckt, und

1. einen liegenden Zug blaugrauer Grauwacke, welcher sich (WOLTERSTORFF l. c., S. 10) vom Hafen bei Magdeburg über

Neustadt-Magdeburg und Althaldensleben bis westlich nach Hundisburg verfolgen lässt.

Diese beiden Grauwacken-Züge unterscheiden sich nun pflanzenpaläontologisch nicht. So kommt in den Steinbrüchen bei Olvenstädt, die im 2. (hangenden) Horizont bauen, *Asterocalamites scrobiculatus* und *Lepidodendron tylodendroides* vor, also die beiden charakteristischen Pflanzen des anderen, liegenden Horizontes. Beide müssen nach ihrem pflanzlichen Inhalt zum Culm gestellt werden.

Ein Vergleich unserer Culm-Flora mit derjenigen anderer Reviere, wie denjenigen des Mährisch-schlesischen Dachschiefers, des Niederschlesischen Steinkohlenbeckens, von Hainichen-Ebersdorf u. s. w. ist schwierig, weil die Erhaltungs-Bedingungen im Harzer-Magdeburger Culm offenbar abweichende waren, wie aus dem völligen Mangel sicher als solcher bestimmbarer Farn-Spreiten-Reste im Gegensatz zu dem reichlichen Vorkommen solcher in den bezeichneten Revieren hervorgeht, während wir doch durch das Vorkommen von Megaphyten in unserem Revier wissen, dass thatsächlich Farn vorhanden waren. Nichtsdestoweniger taucht bei einem Vergleich der Lepidophyten-Reste die Vermuthung auf, dass es sich um verschiedene Culm-Horizonte handeln dürfte. So fehlt der interessante und häufige Rest *Lepidodendron tylodendroides* des Harzes und des Magdeburgischen in den bezeichneten, zum Vergleich herangezogenen Revieren gänzlich, während andererseits bis jetzt *Ulodendron* weder im Harz noch im Magdeburgischen constatirt worden ist. Mit dieser Andeutung muss ich mich begnügen, da ein näheres Eingehen eine paläophytologische Neubearbeitung z. B. der Culm-Flora des Niederschlesisch-böhmischen Beckens erheischen würde.

4. Die Floren der Sieber-, Wernigeroder und Elbingeroder Grauwacke.

Ueber die Floren der Sieber-, Wernigeroder und Elbingeroder Grauwacke hinsichtlich der Auskunft, welche sie zur Horizontirung dieser Grauwacken geben, ist vorn auf den Seiten 153 folg. schon das Nöthige gesagt.

Es ergiebt sich daraus, dass es sich in diesen Floren, soweit bestimmbare Reste vorhanden waren — das ist der Fall bei den Wernigeroder Grauwacken und den Grauwacken der Umgegend von Elbingerode — um solche vom Charakter des Culm, also um *Lepidodendron*-Floren mit *Asterocalamites scrobiculatus* handelt.

Literatur-Liste.

ANDERSSON, JOH. GUNNAR, Ueber die Stratigraphie und Tektonik der Büreninsel. — Bulletin of the geological institution of the University of Upsala. Edited by HJ. SJÖGREN. Vol. IV, Part. 2, No. 8, 1899. Upsala 1900.

ANDRAE, CARL JUSTUS, Die geognostischen Verhältnisse Magdeburg's in Rücksicht auf die Steinkohlenfrage. Magdeburg 1851.

—, Ein Beitrag zur Flora der Grauwackenformation, insbesondere Magdeburg's. Botanische Zeitung. Berlin vom 14. März 1851.

BEUSHAUSEN, L., Arbeitsbericht im Jahrbuch der kgl. preuss. geolog. Landesanstalt für 1899. Berlin 1900.

—, A. DENCKMANN, E. HOLZAPFEL und E. KAYSER, Bericht über eine gemeinschaftliche Studienreise. — Jahrbuch der kgl. preuss. geolog. Landesanstalt und Bergakademie zu Berlin für das Jahr 1896, Bd. XVII, S. 278—281. Berlin 1897.

—, A. DENCKMANN und M. KOCH, Neue Beobachtungen aus dem Unterharze. — Jahrbuch der kgl. preuss. geolog. Landesanstalt für 1895. Berlin 1896.

— und M. KOCH, Mittheilungen über Aufnahmen auf Blatt Riefensbeek, im Ablagerungsgebiet des Bruchberg-Quarzits und der Sieber-Grauwacke. — Jahrbuch der kgl. preuss. geolog. Landesanstalt für 1898, S. XXVII seq. Berlin 1899.

BEYRICH, Sigillaria Sternbergii. — Zeitschr. der Deutsch. geolog. Gesellsch., II. Band, S. 174—175. Berlin 1850.

—, Erläuterungen zur geologischen Specialkarte von Preussen: Blatt Zorge. Berlin 1870.

BRONGNIART, ADOLPHE, Recherches sur les graines fossiles silicifiées. Paris 1881 (nachgelassenes Werk).

DENCKMANN, A., Bericht über die wissenschaftlichen Resultate seiner Aufnahmen im Sommer 1895. — Jahrb. der kgl. preuss. geol. Landes-Anstalt für 1895, S. XXXII—LXIV. Berlin 1896.

DENCKMANN, A., Silur und Unterdevon im Kellerwalde. — Jahrbuch der kgl. preuss. geolog. Landesanstalt für 1896. Berlin 1897.
—, Neue Beobachtungen aus dem Kellerwalde. — Jahrbuch der kgl. preuss. geolog. Landesanstalt für 1899. Berlin 1901.
—, Der geologische Bau des Kellerwaldes. — Abhandl. der kgl. preuss. geolog. Landesanstalt. Neue Folge, Heft 34. Berlin 1901.
—, 1896/1897, s. BEUSHAUSEN.
— und POTONIÉ, Bericht über eine in das Gommerner Quarzit-Gebiet ausgeführte Excursion. — Jahrbuch der kgl. preuss. geolog. Landesanstalt für 1900. Berlin 1901.
FEISTMANTEL, OTTOKAR, Das Kohlenkalkvorkommen bei Rothwaltersdorf in der Grafschaft Glatz und dessen organische Einschlüsse. — Zeitschr. der Deutschen geolog. Gesellsch., XXV. Band, S. 463—551. Taf. XIV—XVII. Berlin 1873.
FRECH, FRITZ, Lethaea palaeozoica, 2. Band, 1. Lief. Stuttgart 1897.
FRITSCH, K. v., Pflanzenreste aus Thüringer Culm-Dachschiefer. — Zeitschr. für Naturwissensch., Band 70. Leipzig 1897.
GIEBEL, 1873, s. PETZOLD.
GÖPPERT, H. R., Ueber die fossile Flora der Grauwacke oder des Uebergangsgebirges, besonders in Schlesien. — KARSTEN's Archiv für Mineralogie, Geognosie, Bergbau und Hüttenkunde, 23. Band, 1847.
— Dasselbe in LEONHARD und BRONN's Neuem Jahrbuch für Mineralogie, S. 675 ff. Stuttgart 1847.
—, Ueber die Flora des Uebergangsgebirges. — Zeitschr. der Deutsch. geolog. Gesellsch. Berlin 1851.
—, Fossile Flora des Uebergangsgebirges. — Verhandl. d. kgl. Leopoldinisch-Carolinischen Akademie der Naturforscher. Breslau und Bonn 1852.
—, Ueber die Fossile Flora der silurischen, der devonischen und unteren Kohlenformation oder des sogenannten Uebergangsgebirges. — Wie vorher unter 1852. 1859 (Jena 1860).
HAUGHTON, S., On Cyclostigma a new genus of fossil plants from the old red sandstone of Kiltorkan etc. — Journal Roy. Soc., Vol. 2. Dublin 1859.
HEER, OSWALD, Fossile Flora der Bäreninsel. — Kongl. Svenska Vetenskaps-Akademiens Handlingar. Bandet 9, No. 5. Stockholm 1871.
HOLZAPFEL, E., 1896/1897, s. BEUSHAUSEN.
JASCHE, CHRISTOPH FRIEDRICH, Die Gebirgsformationen in der Grafschaft Wernigerode am Harz, nebst Bemerkungen über die Steinkohlenformation in der Grafschaft Hohenstein. Wernigerode 1858.
—, Bemerkungen über einige, in dem Grauwackengebirge der Umgegend von Ilsenburg aufgefundene organische Ueberreste. — Berichte des naturwissenschaftlichen Vereins des Harzes zu Blankenburg für die Jahre 1861—1862. Wernigerode (ohne Jahreszahl des Erscheinens, 1864?). — (Diese Arbeit enthält nur eine namentliche Erwähnung der nach J.'s Arbeit von 1858 aufgefundenen und von ROEMER beschriebenen Pflanzenreste.)

KAYSER, E., 1896,1897, s. BEUSHAUSEN.

KLOCKMANN, F., Der geologische Aufbau des sogen. Magdeburger Uferrandes, mit besonderer Berücksichtigung der auftretenden Eruptivgesteine. — Jahrbuch der kgl. preuss. geolog. Landesanstalt und Bergakademie zu Berlin für das Jahr 1890, Band XI, S. 118 ff. Berlin 1892.

KOCH, MAX. Gliederung und Bau der Culm- und Devonablagerungen des Hartenberg-Büchenberger Sattels nördlich von Elbingerode im Harz. — Jahrbuch der kgl. preuss. geolog. Landesanstalt zu Berlin für 1895, S. 131 ff. Berlin 1896.

—, Ueberblick über die neueren Ergebnisse der geologischen Forschung im Unterharz. — Zeitschr. der Deutsch. geolog. Gesellsch., XLIX. Band, 1897, Protocoll der Februar-Sitzung, S. 7–19. Berlin 1897.

—, Die Umdeutung der geologischen Verhältnisse im Unterharz. — Zeitschr. der Deutsch. geolog. Gesellsch. für 1898. Protocoll S. 21–28. Berlin 1898.

—, 1898/1899, s. BEUSHAUSEN.

LINDLEY (JOHN) and WILLIAM HUTTON, The fossil Flora of Great Britain. Vol. I, 1831–1833, Vol. II, 1833–1835, Vol. III, 1837. London.

LOSSEN, K. A. Lepidodendreen-Reste aus Grauwackeneinlagerungen des vordevonischen hercynischen Schiefergebirges. — Zeitschr. der Deutsch. geolog. Gesellsch., XXII. Band, S. 187. Berlin 1870.

—, Gliederung derjenigen paläozoischen Schichten im Harz, welche älter als das Mitteldevon sind. — Zeitschr. der Deutsch. geolog. Gesellsch., XXIX. Band, S. 612–624. Berlin 1877.

—, Geognostische Uebersichtskarte des Harzgebirges. Zusammengestellt nach den Aufnahmen der geologischen Landesanstalt und älteren geologischen Karten auf der Grundlage der AUMACK'schen topographischen Karte, im Maassstabe 1 : 100000. Berlin. (Ohne Jahreszahl; die Karte erschien 1880).

—, Erläuterungen zur geologischen Specialkarte von Preussen und den Thüringischen Staaten: Blatt Harzgerode. Berlin 1882.

LUDWIG, RUDOLPH, Fossile Pflanzenreste aus den paläolithischen Formationen der Umgegend von Dillenburg, Biedenkopf und Friedberg und aus dem Saalfeldischen. — Palaeontographica, XVII. Band, 3. Lief. Cassel 1869.

MÜNSTER, GEORG, GRAF ZU, Beiträge zur Petrefacten-Kunde. Bayreuth 1839.

NATHORST, A. G., Zur paläozoischen Flora der arktischen Zone. — Kongl. Svenska Vetenskaps-Akademiens Handlingar. Bandet 26, No. 4, Stockholm 1894.

PETZOLD und GIEBEL, Rhabdocarpon im Magdeburger Culm. — Zeitschr. für die gesammten Naturwissensch., XLII. Band. Neue Folge, Band VIII, S. 460. Berlin 1873.

POTONIÉ, H., Die Zugehörigkeit der fossilen provisorischen Gattung Knorria. — Naturwissenschaftliche Wochenschrift, VII, S. 61–63. Berlin 1892.

—, Die Flora des Rothliegenden von Thüringen. — Abhandl. der kgl. preuss. geolog. Landesanstalt. Berlin 1893.

—, Die floristische Gliederung des deutschen Carbon und Perm. — Abhandl. der kgl. preuss. geolog. Landesanstalt. Neue Folge, Heft 21. Berlin 1896.

—, Lehrbuch der Pflanzenpaläontologie. Berlin (1897—)1899.

—, Eine Landschaft der Steinkohlenzeit. Erläuterung zu der Wandtafel, bearbeitet und herausgegeben im Auftrage der Direction der kgl. preuss. geolog. Landesanstalt und Bergakademie zu Berlin. Leipzig (und Berlin) 1899.

—, Bearbeitung der fossilen Pteridophyten in ENGLER's Natürlichen Pflanzenfamilien, Th. I, 4. Leipzig 1898—1901.

—, siehe auch DENCKMANN.

RHODE, J. G., Beiträge zur Pflanzenkunde der Vorwelt. Breslau 1820.

ROEMER, FRIEDRICH ADOLPH, Die Versteinerungen des Harzgebirges. Hannover 1843.

—, Beiträge zur geologischen Kenntniss des nordwestlichen Harzgebirges. — 1. Palaeontographica, III. Band, 1. Lief. Cassel 1850. — 2. Palaeontographica, III. Band, 2. Lief. Cassel 1852. — 3. Palaeontographica, IX. Band, 1. Lief. Cassel. R. giebt im Vorwort die Jahreszahl 1860 an. — 4. Palaeontographica, XIII. Band, 5. Lief. Cassel 1866.

SCHIMPER, WM. PH., in J. KOECHLIN-SCHLUMBERGER und SCHIMPER, Le terrain de transition des Vosges. Strasbourg 1862.

SCHMALHAUSEN, J., Die Pflanzenreste aus der Ursa-Stufe im Flussgeschiebe des Ogur in Ost-Sibirien. — Bulletin de l'Académie Impériale des Sciences de Saint-Pétersbourg. Tome XXII. Vorgelegt 1876.

(SCHÖTTLER, C. F., Ergänzungen zur Schrift des Herrn Dr. C. F. ANDRAE: die geognostischen Verhältnisse Magdeburg's in Rücksicht auf die Steinkohlenfrage (Magdeburg 1851). Enthält Nichts für unsere Zwecke Bemerkenswerthes.)

SOLMS-LAUBACH, GRAF ZU, Ueber devonische Pflanzenreste aus den Lenneschiefern der Gegend von Gräfrath am Niederrhein. — Jahrbuch der kgl. preuss. geolog. Landesanstalt für 1894. Berlin 1895.

—, Ueber die seiner Zeit von UNGER beschriebenen structurbietenden Pflanzenreste des Untercuhn von Saalfeld in Thüringen. — Abhandl. der kgl. preuss. geolog. Landesanstalt. Neue Folge, Heft 23. Berlin 1896.

STERNBERG, KASPAR, Versuch einer geognostisch-botanischen Darstellung der Flora der Vorwelt. Fasc. II. 1823. Fasc. 3 von 1824. Fasc. 4. Regensburg 1825. Bd. II. Prag 1833—1838.

STUR, D., Die Culm-Flora der Ostrauer und Waldenburger Schichten[1]. — Abhandl. der k. k. geolog. Reichsanstalt. Wien 1877.

---

[1] Bekanntlich hat STUR die Ostrauer und Waldenburger Schichten (= Unteres prod. Carbon) zum Culm gerechnet.

Stur, D., Die Silur-Flora der Etage H—h₁¹) in Böhmen. – K. k. Akademie. der Wissenschaften in Wien. Sitzungsber. der mathem.-naturw. Klasse, LXXXIV. Band, 1. Abth. Wien 1882.
Weiss, Ernst, Zur Flora der ältesten Schichten des Harzes. — Jahrbuch der kgl. preuss. geolog. Landesanstalt für 1884. Berlin 1885.
–, Ueber Sigillaria culmiana A. Roem., in dem Sitzungsber. der Gesellsch. naturforsch. Freunde zu Berlin vom 19. März 1889, S. 76.
Wolterstorff, W., Das Untercarbon von Magdeburg-Neustadt und seine Fauna. – Jahrbuch der kgl. preuss. geolog. Landesanstalt für 1898. Berlin 1899.
Zimmermann, E., Ueber die Gattung Dictyodora Weiss. — Zeitschr. der Deutsch. geolog. Gesellsch. Berlin, Jahrg. für 1889, S. 165—167.
—, Neue Beobachtungen an Dictyodora. — l. c., Jahrgang 1891, S. 551 bis 555.
—, Dictyodora Liebeana (Weiss) und ihre Beziehungen zu Vexillum (Rouault), Palaeochorda marina (Geinitz) und Crossopodia Henrici (Geinitz). — 32.—35. Jahresber. der Gesellsch. von Freunden der Naturwissenschaften in Gera. Gera 1892.
—, Dictyodora Liebeana Weiss, eine räthselhafte Versteinerung. — Naturwissenschaftl. Wochenschr., VIII. Band, No. 16 vom 16. April 1893. Berlin 1893.

¹) Diese Etage ist bekanntlich jetzt als Mitteldevon nachgewiesen.

Register der Fossil-Namen.

A.

Anarthrocanna approximata . 72, 86
Annularia . . . 70, 71, 153, 172
   » ramosa 71
   » radiata 71
Araucaria 145
Archaeocalamites transitionis . . 157
Archaeopteris . . . 157, 168
Artisia 153
Aspidiaria 74, 118
   » acuminata 163
   » attenuata . 72, 74, 125, 136
   » Goeppertiana . . 157, 158
Aspidiopsis . . . 67, 101, 129
Asterocalamites 94, 154
   » scrobiculatus 2, 17, 48, 66, 72 ff., 86, 157 ff., 165, 169, 172, 174
Asterophyllites 30
   » Hausmannianus 153, 155
   » Roemeri . 70, 71, 172

B.

Bergeria . . . 72 ff., 103, 169
Bornia scrobiculata . . . 72, 86
   » transitionis . . . 72, 86
Bothrodendraceen . . . 2, 22, 33
Bothrodendron . 34, 38, 69, 78, 167
   » Kiltorkense . 38, 168

C.

Calamariaceen 96
Calamites 94

Calamites

Calamites acuticostatus . . 73, 97
   » approximatus . . . 100
   » cannaeformis . . 72, 86
   » dilatatus . . . 72, 86
   » distans . . . 72, 86
   » Goepperti . 73, 89, 96
   » planicostata . . . 73
   » radiatus 48
   » remotissimus . . . 73, 86
   » Roemeri . . . 73, 96
   » Suckowi . . . 73, 97
   » transitionis . 72, 86, 157
   » tuberculatus . . 73, 86
Calamophyllites 99
   » approximatus . . 172
Chondrites tenuis 73
Cordaioxylon 153
Cordaites 73
Cyclopteris Colombiana . . . 65
   » furcillata . . . 49
Cyclostigma . . . 34, 70, 167
   » hercynium 30, 31, 32, 56, 167

D.

Dactylopteris Stichlerianus . 157, 159
Dechenia . . . . 46 Anm.
   » euphorbioides . . . 46
   » Roemeriana 30, 33, 46, 48
Dictyodora . . 16, 23, 62, 158

E.
Escalamites 97, 172
» *ramosus* 96

F.
Fucus Nessigii 70, 71
» *tenellus* 73

G.
Gentiana 32

H.
Halonia 101, 150
Holoptychius 168
Hymenophyllites Schimperi . . 19

I.
Itsaephytum Kayseri 157

K.
Knorria acicutari-acutifolia 31, 33, 45, 48
» *acicularis* 2, 22, 28, 31, 32, 33, 40 ff., 47, 60, 63
» *acutifolia* . . . 31, 33, 44
» *cervicornis* . . . 31, 33, 44
» *confluens* . 31, 33, 44, 45, 48
» *cylindrica* 73
» *fusiformis* 73, 125
» *Goepperti* . . . 31, 33, 45
» *imbricata* 30, 41, 47, 59, 73, 102, 108, 125, 128, 169
» *Jugleri* 73, 125
» *megastigma* . . . 31, 33, 47
» *polyphylla* 74, 125
» *Selloi* resp. *Selloni* 31, 33, 40 ff., 45, 48, 109, 128
» *Selloni distans* . . 31, 33, 45
Knorripteris Mariana 79

L.
Lepidodendraceen 101
Lepidodendron 28, 31, 32, 33, 38, 101, 157
» *aculeatum* . . . 116
Lepidodendron acuminatum 124, 160, 163, 172
» *affine* 113
» *appendiculatum* . 118
» *dichotomum* . . . 146
» *fusiforme* . . 74, 125
» *gracile* . . 157, 162
» *hexagonum* . . 74, 150
» *imbricatum* . 125, 129
» *Jaschei* 123, 124, 157, 160, 162, 172
» *limaeforme* 74
» *Losseni* 157, 160, 162, 163
» *obovatum* . . . 146
» *Rhodeanum* . 146, 172
» *rimosum* 116
» *tylodendroides* 72 ff., 101, 102, 125, 172, 174
» *Veltheimianum* 74, 125
» *Veltheimii* 74, 101, 103, 116, 125, 139, 158 ff., 166, 172
Lepidodendron Veltheimii formosa 123
» » *typica* . 123
» *Volkmannianum* 74, 75, 101, 103, 113, 172
Lepidophloios 74, 101, 137, 147, 173
» *macrolepidotus* . . 150
Lepidophyllum 112
» *Waldenburgense* . 160
Lepidophytae 100
Lepidostrobus 30, 112
Lycopodium Selago 112

M.
Megaphyton 76, 157
» *gracile* . . 74, 76—78
Megaphyton Isae 157
» *Kuhianum* 74, 78, 169, 172
» *simplex* . . 74, 76, 172

N.
Nereites 16
Neuropteris Simensis 19
Nitella 25

O.

Odontopteris crasse-cauliculata . . . 19
  » Vietori . . . 19
Orthoceras 170

P.

Palaeochorda 158
Palmatopteris 17
p-Cyclostigma 32
Pleuromeia Sternbergii . 61, 75, 153
Protocalamariaceen 86
Psilophyton 70
Puella elegantissima 94

R.

Rhabdocarpon 153
Rhabdocarpus conchaeformis . . 152
Rhachiopteriden 16
Rhodea 17, 26
  » Schimperi 17
Rothenbergia Hollebeni . . . 169

S.

Sagenaria 32
  » acuminata . . . 160, 163
  » affinis 113
  » attenuata 74
  » Bischofi . . . 61, 153
  » caudata 74
  » concinna . . . 74, 113
  » elliptica 116
  » geniculata . . . 74, 116
  » Roemeriana . . . 74, 113
  » Veltheimiana . 74, 116, 158, 160
  » Volkmanniana . . 75, 113
Semina 150

Sigillaria . . 23, 32, 49, 73, 145
  » calmiana 75
  » Sternbergii . . . 75
Sphaerocites antiquus 70
Sphenophyllum . . .27, 72, 153, 155
  » tenerrimum 28
Sphenopteridium 65, 171
  » Collombianum . 65
  » dissectum . 17, 65
  » furcillatum . 19, 65
  » rigidum . 16, 26, 65
  » Schimperi . . 19
Sphenopteris densepinnata . . . 17
  » elegans 19
  » Förtschii . . . 19
  » rigida 16
  » Schimperiana . . 19
Spirophyton 16
Sporochnus Krejcii 26
Stigmaria 23, 29, 54, 63, 106, 159, 160
  » picoides 32, 33, 44, 54, 69, 100, 173
Stigmariopsis 54, 145
Stylocalamites . . . 94, 96, 172
Syringodendron 145

T.

Trigonocarpon ellipsoideum . . 152
Tylodendron 125, 144

U.

Ulodendron . . 111 ff., 121, 150, 174

V.

Volkmannia clavata . . . 157, 158

W.

Walchia 145

Druck der C. Feister'schen Buchdruckerei,
Berlin N., Brunnenstrasse 7.